カナヤマ

株式会社ムラサキスポーツ創業者・金山良雄の軌跡

ヨシオ

|監修| ムラサキ文化SŌZŌ |文| 遠藤町子

Parade Books

推薦のことば

◆ＪＴＪ宣教神学校初代学長、同サーバント・ヘルパー、伝道者、岸義紘

「奇跡のムラサキ」‥

四十五年前、都内のスポーツ店の数は一五〇〇以上で、「ムラサキ」もその中の小さな一店であった。今、「ムラサキ」は全国に一四五店舗を展開し、オリンピック優勝者も出し誰もが知るトップに躍り出たスポーツ専門店である。

この躍進の秘訣は、何と言っても創業者の金山良雄会長にある。そして両側から会長を支えた英子夫人と、その実弟・長谷川英泰二代目社長にある。さらに、金山会長の息子たちがビジョンを引き継ぎ、堅実にこれを展開し拡大して行く。

発明王エジソンの言葉「天才とは一パーセントinspiration（内的直感）、九十九パーセントperspiration（発汗・努力）」金山良雄会長は天才型である。内的ひらめきと外的展開が摂理的に結びつく。優秀な社員たちが集まる。そして。直感を具現化して行く。

もし、金山会長がキリスト信仰を堅持しなかったなら、あるいは会長の家族も、社員た

ちも、別の人生を生きていたかもしれない。一パーセントのひらめきに動かされ、九十九パーセントの汗を会長と周辺の全員で流した。これが「奇跡のムラサキ」を生み出して来たに違いない。

混乱の世界に星のような一冊。日本中の一人でも多くの方に、本書を読んで頂きたい。

◆元北陸銀行上野支店長・常務取締役、成戸應之

凄い告白！　私が金山さんと初めてお会いしたのは一九八五年。それ以前のストーリーは全く知りませんでした。こんなにも深くて険しい谷間を歩まれた方だったとは！

私自身はキリスト教徒ではありませんが、この人生録を見ると、クリスチャンとはどう言うものか、その真髄を見せられた様な思いです。たとえ私たちが今どんな暗闇を経験していたとしても、過去にどんなことがあったとしても、大丈夫。どん底が終わりではない。私たちは、きっとどんなところからでも立ち直ることができる。金山さんの伝記から、そんなメッセージを頂きました。

人生終わりと感じている方、自分で自分に嫌気がさしてしまっている方、先の見えない苦しみ、悲しみの中にある方々にも読んで頂きたい。

そして、お立場柄、究極の孤独を経験されておられる個人経営者、会社オーナーの方々。心からご一読をお勧めいたします。

◆元株式会社船井総研ホールディングス取締役専務執行役員、大野潔

「すべての出会いには意味がある。その出会い＝ご縁をどう生かすかは自分次第」金山会長は数多の人生の出会い＝ご縁に意味を見出し、ずば抜けた行動力によって自分の血肉に変えられた。その会長が体現し磨かれた価値観＝魂が、今のムラサキスポーツさんの根っこになっている。その価値観＝魂の醸成の過程がこの自叙伝に見事に書き下ろされている。事業の継承は魂の継承である。まさにこの自叙伝はムラサキスポーツのバイブルだ。

◆株式会社ハスコエンタープライズ代表取締役会長、長谷稔

それにしても、すさまじい金山会長の人生ですね、特に前半生は奇跡の様な事の連続でよくもまあ生き延びてこられたものだと驚きの連続です。

まさしく神がこの男の価値を認めて生き延びさせないと、と思われたとしか思えない様な事ばかりです。内にある自らの意思とは異なる別個の人格と戦いながら、ここまで五十

年多くの社員を導いて、ここまで成し遂げてこられた事に感動しました。
金山会長の柔和な顔の奥に潜む哲学の神髄に触れた様な気がしました。

◆株式会社ゴールドウィン代表取締役会長、西田明男

この度、「ムラサキスポーツ五十周年」にあたり、自叙伝出版、誠におめでとうございます。長年にわたり新しいスポーツ領域を軸に若年層へのスポーツの楽しみ・感動を常に意識し取り組まれている事、スポーツを通じて社会・世界に貢献する姿勢に大変共感しました。ムラサキスポーツさんのその思いは、多くの人々に受け繋がれて行くことでしょう。今後益々の社業発展と金山会長、皆様方のご健勝をこころよりお祈りいたしております。

◆元九州ルーテル学院大学学長、日本ルーテル神学校名誉教授、清重尚弘

これほど劇的な人生があるのか！

逆境から驚異的な成功への稀有のクリスチャン実業家。九十歳を超えてなお矍鑠。熱き祈りの人、伝道に燃え、新基軸の神学校ＪＴＪ設置までも。どん底で呻き続けた苦悩の人がイエス・キリストとの出会いによる真の新生を経て、良き伴侶の支えで立ち直り、致命

的弱点を「肉体のトゲ」と受け止める信仰によってウルトラCの逆転人生を歩むのであった。あたかも若きアウグスチヌスの放蕩を思わせる時期など、一気に読ませる波乱の人生歴程。

◆上野の森キリスト教会員、椎名敏雄

この伝記を読ませて頂き、自分のことを書かねばならないと思いました。

私は一九四八年に東京下町の南千住で生まれ、幼い頃に兄弟や母が亡くなった後、父の実家に預けられたりしながら、十代で金型職の見習いになりました。それから製造業に転職しました。そこで知り合った仲間からパチンコを学び、気づいたらそればかりをやるようになっていました。手打ちだったパチンコが自動式になると一万円が飛ぶように消えていく。そんな日々が続いた後、私は荒川の河川敷にいました。

ホームレスになって三年が過ぎた頃、二人の人が河川敷にやってきました。その二人はそれから毎週そこへ来て、聖書のメッセージを教えてくれました。とてもよくわかりました。そうして半年くらい経ってから連れて行ってもらったのが高田馬場の教会です。そこで金山さんと出会いました。

どうして自分だったのかはわかりません。でも、金山さんは私に目を止め話しかけてくれました。それだけでありません。何もなかった私に、仕事や住む場所も、みんな用意してくれたのです。忘れもない一九九七年の十月のことでした。そしてその一年後のクリスマス、一九九八年十二月二十日が私の洗礼の日です。

それからずっと同じ教会に集う金山さんは、私にとっては本当にお父さんの様な人。私のために全部やってくれた私の恩人です。

カナヤマヨシオ

株式会社ムラサキスポーツ創業者・
金山良雄の軌跡

この本を、本当に文字通り伴侶として伴走し支え続けてくれた妻英子と、私たちの愛する六人の子ども達、その始まりから今日に至るまで多大なる尽力貢献されてきた社員取引先含むムラサキスポーツ関連諸氏、教会関係者、そして前後左右、背後から足元から、確かに私を支え持ち運んでくださった、私の救い主イエス・キリストに捧げます。

主の年二〇二三年一月

金山良雄

まえがき　――ムラサキ文化SŌZŌ

二〇二一年の六月、文化事業部改め文化SŌZŌのメンバーがムラサキスポーツ・ヘッドクォーター七階に集結した。かねてから企業の社会的貢献に特別な意義を抱いてきた弊社が、今後の社会貢献の対象や内容を検討し話し合う目的で、これまで活動を続けてきた文化事業部を刷新する形で発足したのが「ムラサキ文化SŌZŌ」である。そこに現社長の金山元一氏はじめ、洋一専務も入っていることからしても、このテーマに対する会社の本気度が伺える。


文化事業部をリードしてきた一善役員の部屋に、同じく役員で文化事業部の太一氏と新メンバーの一人の島田が良雄氏を囲んで談笑している。アメリカ留学の時の話である。

「向こうの学生たちのイタズラっていうのは、もうハンパないんだよ」良雄氏は言った。

「夜、寝ようと思って布団をめくってベッドに入るでしょ。そうすると何かいるんだよ。布団の中に」イタズラをされた話なのに、なぜか嬉しそうに話す良雄氏。「あいつら悪いんだよ。人の布団の中にね、ヘビを入れておくんだよ」そう言って良雄氏は笑うが、聞いているみんなは気が気ではない。「あの頃はまだバスもトイレも分かれていてね……」良雄氏がアメリカに留学していたのは一九六一～二年。マーティン・ルーサー・キング・ジュニア、通称キング牧師が公民権運動を始める以前のこと。今でこそ考え難い人種差別が当然の如く成り立っていた頃のことである。しかも留学先は南部テネシーだった。（ちなみに良雄氏帰国一年後の一九六三年、リンカーン記念堂の外階段でキング牧師が行った演説が、あの有名な「I have a dream（私には夢がある）」演説である。）

「本当に田舎でね。学校の周りは何にも無いんだよ。でもヘビだけは沢山いたねー」余程ヘビの印象が強かったのか。良雄氏は続ける。「ある時ね、授業をサボって丘の上で昼寝をしていたんだよ。そうしたら、ワゥワゥワゥワゥワゥワゥ～！って言う声で目が覚めたの」「……？」何の話なのかわからない。しかし良雄氏の態度のせいなのか、それともあの何とも言えない語り口のためか、みんな惹きつけられてしまう。良雄氏は続ける。「そうしたらね、そこに犬がヘビを咥えてるんだよ。ウゥ～って」そう言って犬が口にヘビを咥えて頭をふる真似をする。「こうやって」。そしてこちらがうなずくのを見ると続けた。「あれは夢だったのかもしれないんだけど、ハッとしてそこを見るとそこにヘビが死んでるんだよ。犬に噛まれて。でも犬はいないんだよ」聞いている方はあっけにとられ、理解が追いついていない。しかし何かすごいことが起こっている、それだけは直感的にわかった。静まり返る室内。ひと息つく良雄氏。そして言った。「犬が天使だったんだねー」犬が、天使？　意表を突かれるとはまさにこのこと。犬と天使が結びつかない。良雄氏は続ける。「あの辺りにはね、犬はいないの。人家も無いところだから。でも私の顔のすぐ横、ここ。ここには犬に噛まれたヘビが死んでるんだよ」と言って、目線と首を少し傾け、寝ていた自分の頭のすぐ右にヘビの死骸があったことを伝える。息を呑む一同。静寂——。そして、良雄氏は今度はゆっくり、ほっとした様な顔でこう言った。「天使が守ってくれたんだねー」

こう言う話の連続である。良雄氏の話を聞いていると、実際は壮絶で、おそらく相当大変だった様な出来事が、不思議なトーンと軽やかさを帯びて伝えられ、聞き手はどんどん引き込まれてしまう。その日も、この話、あの話と聞かせて頂いているうちに、これはただ事ではないぞ、という感覚がそこにいたみんなの中に芽生えて来ていたと思う。そんな雰囲気の中、その感覚を元一氏が言葉にした。「いやー、これは映画か何かにできそうな話だね」

こうして、それからほとんど毎週月曜日、ムラサキスポーツ本社に集まり、良雄氏のストーリーに耳を傾ける時間がもたれる様になり、文化SŌZŌの働きの一つの屋台骨となっていった。良雄氏を知ること――その人物像、人柄、人となりへの理解を深める――実は、会社の文化、アイデンティティーを探るにあたって、これほど貴重な入口は無い。創業者である金山良雄氏の考え、価値観、哲学。何を大切に思い、実践して来られたのか。持って生まれた性格、性質。練られたり溶かされたりして形作られてきた、揺るがぬ人格。これらの根拠を、良雄氏のライフ・ストーリーの中に尋ねる。なぜならこういったものは、その人が自分一人で生み出せるものでも、成し遂げられるものでもないからである。これはつまり、良雄氏を取り巻いてきた環境・時代背景・出会いと言った外的要因と、その中で芽吹き育まれてゆく良雄氏自身の内的変化の物語である。

私たちは良雄氏の歩みの中に、一体何を見出すだろうか。この方のライフ・ストーリーを通して、読まれるお一人お一人がご自分のストーリーについて思い巡らせて頂きたい。きっとそのプロセスの中に、ムラサキスポーツ精神の本質に迫る道があると同時に、ご自分の本質に切り込む何かがある。そう言う意味で、この伝記は私たち自身との対話を促す内省録ともなり得るはずだ。そしてムラサキスポーツ関係者の方々にとっては、そう言うところから、皆さんも加わり共に建て上げてきたこの会社の理念や信条が生まれていることとに気付かれる、その源泉となると思う。

結局、会社の文化や雰囲気は、そこに集う人々の人間性の上に立つ。そして、この物語を通して私たちが見つけるのは、この会社の精神が創業者である良雄氏の真正直なまでの自己との格闘と、そこで受けた恵みの現実の上に築かれた、ということである。願わくは、この伝記を読まれるお一人お一人が、この一人の人の旅路を足がかりとして、ご自身の歩みを振り返り、良雄氏同様、生涯続く人間形成の豊かさと幸いを味わい、そこにご自身の土台を据え始めて頂けたら、一年以上続いたこのプロジェクトの甲斐があったことになると思うし、良雄氏はじめ文化SŌZŌメンバー一同にとっても望外の喜びなのである。

二〇二三年一月

ムラサキ文化SŌZŌ

目次

家族の時間(1982-3年)

一、TOKYO2020

二〇一三年九月　ブエノスアイレスで開かれたIOC（国際オリンピック委員会）総会で、二〇二〇年のオリンピック・パラリンピック開催地が東京に決まったと発表された。マドリード（スペイン）、イスタンブール（トルコ）を制しての決定だった。

テレビのニュースを目にして、日本中の人々が「オーッ」と歓びの声を上げた。拍手したり、喜びあったりする様子が何度もテレビ画面に映し出された。

日本でのオリンピックは一九六四年に次ぐ五十六年ぶり、二回目の開催となる。それはアジア初ということで、誰もが誇らしげに喜んでいたのだ。

この決定を受けて、オリンピックに向けた建設計画や、街造りが急ピッチで進められた。

しかし、開催予定の一年前、二〇一九年一月、中国、湖南省、武漢を発生源とするコロナウィルスによる肺炎の感染症が世界中に広がって、事態は大きく変化した。

当初は、それでも夏までには終息するだろうと高を括っていた。しかし、それは予想を超えて、恐ろしい勢いで世界中に広がり続け、死者数も増え続けた。

二〇二〇年三月に入って、感染症対策のため日本中の小、中、高等学校は春休み明けまで休校となった。

それでも「予定通り開催」と主張を譲らなかったＩＯＣも、二〇二〇年三月二十四日、開催予定の四ヶ月前になって、近代史上初のオリンピック一年間開催延期を決断した。


新種目、スケートボードの堀米雄斗、白井空、西村碧莉、中山楓奈、西谷椛をはじめサーフィンの大原洋人、ＢＭＸの中村輪夢選手を送り出しているムラサキスポーツでは、社員の誰もがオリンピックを楽しみに待っていた。

スケートボードの会場づくりにも、みんなで精を出した。社員が観戦できるように大量のチケットも手に入れた。後は開催日を待つばかりだった。

感染症の終息を期待して延期されたオリンピックだったが、新規感染者数はその後も増え続け、一年前の三倍以上にまで達し、ついに四度目の緊急事態宣言が出された。実施そのものが危ぶまれる中で、オリンピックは無観客実施と発表された。

「会場で選手が滑っているのを見たい」

そう思っていたけれど、競技できるだけいいと思うほかはなかった。

その日、ムラサキスポーツ上野本店では、川畑店長や栗田等が落ち着きなく実況放送を待っていた。

スケートボード男子ストリート堀米雄斗が登場した。

ひょいとボードに乗ると、ひらり、ひらりと、優雅に滑る。ジャンプする。スピン（回転）する。まるでデッキが足に吸い寄せられているかのようだ。最後にレール（手すり）のトリック（技）を成功させて終了した。

「ウォー、やったー」「よかった」川畑も栗田も心の底から感動していた。

十余年前、ムラサキスポーツが足立区にスケートパークを作った。

そこへ当時小学校四年生位だった雄斗がスケートボードを抱えてやってきていた。上野店へもよく父子でやってきた。ちょっとシャイでかわいらしくて勝ち気な男の子だった。

以来、みるみる力をつけて、高校卒業後はスケボー留学で渡米していた。

久しぶりに見る雄斗の成長した姿は、たくましくて輝いて見えた。

採点方法はよく分からなかったが、そんなことを考える間もなく優勝が告げられた。

「おお、やっちゃったよ。金メダル、とっちゃったよ」

二人ともただ興奮してそれっきり、他に言葉が見つからなかった。


三十数年前に栗田がローラースケートやサーフィンに興じていた頃、ムラサキスポーツの社員だった友人から「うちの会社で働かないか」と誘われて面接にやってきた。「彼の紹介ならいいだろう」と即決で、翌日からアルバイトとして働き始めた。

ムラサキスポーツ上野店は、上野駅から御徒町駅の間、わずか五〜六百メートル程の距離に四百もの商店が軒を連ねているというアメ横の一角にあった。

そこは、横丁が網の目のように広がり、通りは連日大勢の人々でごった返している。あちこちの店先から「安いよ。お買い得だよ」というかけ声が聞こえる。買い物客も「もう一声」などと価格交渉をする。子供達が駆け回る。食欲をそそる匂いがする。どこもかしこも活気に満ちている。

ムラサキスポーツの店内も、いつもお客であふれていた。当時社長だった金山良雄は紳士然とした背広姿で毎日店に顔を出してレジ打ちをしていた。

新米だった栗田も、先輩に言われるまま店頭に立って呼び込みをしたり、混雑したお客の間を縫って品出しをしたりした。

間もなくアルバイトから社員として働くことになった。当時は、アルバイトはエプロン姿だったが社員になるとネクタイを着ける決まりだった。

「あれ、栗ちゃん社員になったの」

と声をかけられると、少し恥ずかしいような、うれしいような気持ちだった。

社員になって先ず驚いたのは、月一回行われる朝礼だった。

全社員は上野店六階の事務所に集まる。それは長い間続けられ、店舗数が増えてくると、遠距離にある店舗は午前中休業して出席する決まりになっていた。

そこでは牧師がサクソフォンの演奏をして、それから短く聖書の話をして、祈ってくれる。

「この牧師は日本でも有名な人で、何でもモットーが「三つの愛に生きる」とかで、先ず神の愛を受け、それから神を愛し、隣人を自分と同じように愛するっていうような事だったかな。仕事にも通じるいい話をしてくれるんだ。月一回これが聞けるなんてありがたいだろう」先輩社員がささやいた。

最初はよく理解できなかったけれど、確かにこれはありがたいことだということが分かってきた。

それは社長の長男、元一氏が学生の頃アルバイトにやってきた時のことだ。

商品知識がないと思われたためか、長谷川専務から店頭の特売品の販売を任されていた。

社長の息子というそぶりも見せず、よく気がついて陰日向なく仕事をする。お客さまにも社員にも丁寧に接していた。

人のために働く。それが自然で、誠実で、気持ちの良い対応だったのに感動した。社員も礼儀正しくて他の店とは少し違う気がする。この人たちの視点はちょっと違う。キリスト教の教えと関係があるかも知れない。そう思った。

そういえば社長から「君、人工透析してるそうだけど、体調はどうなの?」と幾度か声をかけられた事もあった。ここの社長は社員第一主義とは耳にしていたが、自分のような末端社員の健康まで気にしてくれることにも驚いた。どんな社員に対しても、いったん任せた仕事に対しては細かいことに口出しせず見守りながら任せてくれる。意見もよく聞いてくれるので、社員も顔色を見ながらではなく「社長に喜ばれるような仕事をしたい」という思いで一生懸命働いている。「従業員にはできるだけ沢山の給料を出すのでお客様の役に立つ仕事をしてほしい」それが社長の考えだと先輩が教えてくれた。

副社長（英子夫人）も同じだった。

ある時、社員でスキーに行ったことがあった。そこで、社長が思いつきで「スキー大会をしよう。優勝者には三万円を出そう」と言った。即座に副社長が「あなた、社長なんだから、もっと出しましょうよ」と反応した。みんなこの掛け合いには驚かされた。副社長も、いつも社員を家族のようにかわいがって、社員の喜ぶことを真っ先に、自然にやってくれていた。会社が大きくなっても社長と社員との関係はあまり変わらず、成長を見守ってくれるお父さんのような存在であり続けているのもキリスト教と関係あるのかと思えた。

社長が上野公園で毎週二、三回、ホームレスへの炊き出しをしているという話を聞いた時も、「食事を与えている」という感覚ではなく、「ホームレスの人々を大切に思っている」という気持ちが伝わってきた。何より、会社の創業以前からずっと、何十年も炊き出しを続けているというのは普通ではない。

そういった精神は社員全体にも感化されているようで、それがムラサキの体質になっているように思える。

キリスト教を勧められたり、信じたりはしていないが、自分も、多くの社員もその影響を少しは受けていると感じる。

ビーチへサーフボードを持って入ると「どこの者だ」と聞かれ、「ムラサキスポーツです」と答えると、「知らないな。東京から、だれの許可をもらって来た」と追い払われたことがあった。

ムラサキスポーツはまだ有名ではなかったし、プロショップ（サーフボード専門店）が優先されるのは仕方ないことだ。

その日はサーフィンを諦めて、みんなでビーチのゴミを拾って帰った。それを機に、定期的に掃除に行くようになり、クリーンデーを決めて、ビーチだけではなく、公園や道路の掃除もするようになった。

そのうち、ビーチでも「ああ、ムラサキさんね。どうぞ、どうぞ」と言われるようになり、公園内でもローラースケートやスケートボードが許されるようになった。

社長はそういった行動も黙って見守ってくれる人で、社員の「こうするともっといいんじゃないか」という気持ちを受け入れ、社員だけの力ではどうにもならないとなるとひそかに手を差し伸べて助けてくれる。

BMXライダーやスケーターといった若者の練習場所は限られていて、所構わず練習すると白い目で見られていると知ったときも、彼らのためにスケートパークを作ろうと立ち上がってくれた。

スケートパークを軌道にのせた藤沢先輩や廣岡店長をはじめ、関わったスタッフはみんな、何かわくわくしながらプロジェクトに取り組んでいた。中でも一番わくわくしながら待っていたのが会長（良雄）であったことが後にみんなの知るところとなった。

完成すると多くの若者達が集まってきた。ここから雄斗も飛び立っていったのだけれど、ある時「変な人がいる」という通報があった。駆けつけてみるとそこにはバスローブ姿の男性がパーク内を眺めていた。よく見るとそれは会長だった。子供達がスポーツを通して楽しそうにつながり、歓声を上げる、それを見守る保護者達の笑顔、それを見て言ったそうだ。「こういうのを作るのが私の夢だったんだよ」と。その時初めて会長がパークを頻繁に訪れ、楽しそうな景色を眺めては満足していたということが社員の知るところとなった。

その頃は誰もそれがオリンピックに繋がるなんて事は考えてもいなかった。

良雄の「誰かのため」の働きは、いつも時間をかけて、思いがけない形に実を結んでいた。社員も、知らない間にこれに倣う働き方になっていると感じる。それがムラサキ体質だと思う。

オリンピックのスケートボードで日本人が金メダルをとったことも、これがゴールではなく、今後、自分たちが想像もしない形に変化して、思いがけない実を結んでいくのかも知れない。

金山家の三男、洋一は、自宅で、家族とスケートボード女子ストリートを観戦した。ムラサキスポーツからは本社ライダー（本社が支援する選手）西村碧莉、大阪ライダーズファクト難波店の店舗ライダー（店舗が支援する選手）西矢椛、富山のイオンモール高岡店ライダー中山楓奈の三人が出場する。

スケボーの女王と呼ばれたトップライダー西村碧莉は練習中の負傷を押しての出場で、この三人がどんな滑りをするのか、固唾をのんで見入っていた。

ベストトリックの四回目、西矢の板が宙を舞い、半回転してレールに乗った。そして後ろ向きのまま滑り降りる。あれっ、今のは何だったのか、一体どんなトリックだったのか。瞬く間の、ものすごい出来事だった。

ベストトリックの三回が終わった段階では四位の中山楓奈に続いて五位につけていた西矢椛だった。それがこのトリックで優勝を決めた。最年少十三才の少女が、試合後に見せた会心の笑顔は、世界中を魅了した。

中山楓奈も、車輪をレールに引っかけて滑り降りるトリックで高得点をたたき出し、これをきっかけに得点を重ね、三位入賞を決めた。

金山家は興奮に包まれた。我を忘れて歓喜した。

スケートボードがオリンピック競技に決まった事が奇跡なら、日本人がここまでの結果を出すことはそれを超える奇跡だった。

これからスケボーが変わる。どんな風に変わるのか分からないけれど、想像もできない形に変わっていくに違いない。洋一の心はざわついていた。

堀米雄斗の優勝以来、ＳＮＳの世界ではスケボーの評価がすっかり変わっていた。これまではちょっと斜に構えた若者の遊びだったのに、スポーツとして受け止められるようになった。

店舗でも保護者同伴でやって来て「これからスケボー始めたい」とか、「この子がスケボーやりたがって」という声が聞かれるようになった。

同じ日、ムラサキスポーツ本社八階では金山家の長男元一、五男一善をはじめ二十人ほどの社員がコロナ対策を取りながら観戦していた。

堀米雄斗の金、西谷椛の金、中山楓奈の銅、これが興奮せずにいられるはずもなく、思わず大声をあげて喜んだ。

「しかし、あれだね。この大会で一番賞賛されるのは碧莉ちゃんだね」

「うーん。やっぱり、女王の風格だよ。金メダルあげたい」

「ほんと、あげたい、あげたーい」

スケボーの女王と呼ばれ、この世界ではカリスマ的存在、西村碧莉、紛れもない優勝候補だった。

大会の数日前にかかとを痛め、さらに予選前日に膝と骨盤を痛めての予選だった。果敢に挑むもミスが続き、痛々しくて見ていられないほどだったが、残り二回のベストトリックでしっかり得点して決勝に進んだ。

決勝でも最後のベストトリックで信じられない技に挑戦した。足のスタンスを逆にしてレールに飛び乗り、滑ったのだ。順位は八位だったけれど、怪我を押して最後まで全力で戦った姿は、ファンだけでなく仲間からの賞賛を浴びた。ムラサキのみんなも手が痛くなるほど拍手した。

メダルを争っている筈の選手達がお互いをたたえ合っている姿、それはメダルより大切だと言うことを選手達に教わった。

スケボーをやっている人間に対する社会のイメージは、必ずしも良くはなかったけれど、このオリンピックで変わった。変えるエネルギーに日本中が注目した二日間だったのかも知れない。

七月二十三日、金山良雄の妻英子は、その日足首の骨折で入院していた。オリンピックの開会式が始まるというので、誘われて屋上に向かった。

病院の屋上に上がると、そこにはすでに人だかりがあって、みんな目の前の国立競技場の方を見ていた。

そこは何か懐かしい記憶を呼び覚ます場所だった。

ずうっと、ずっと昔、高校生の頃、英子は国体の在日韓国人代表選手として、毎年あそこに立っていた。あの頃は毎日が楽しくて、希望にあふれていた。これから何があるとか、どうなりたいなんて事は考えてもいなかった。

あれから何年たったのだろう。景色はすっかり変わっているけれど、懐かしい気持ちでその方向を眺めていた。

その時、感傷を突き破るように、轟音が鳴り響いて、上空を五基のジェット機が走り抜けていった。その後ろに五色のスモークが長く、美しい筋雲のように残った。これがブルーインパルス。

TOKYO2020オリンピックが始まる。


良雄は、妻が入院して一人自宅でテレビの前に座った。

社員からも試合の様子の報告があった。雄斗も、空も、椛も、楓奈も、碧莉も、洋人も、輪夢もよくやったと興奮していた。

祝勝会でもみんなうれしそうだった。その様子を見て、良雄も「よかった、自分の役割を果たせた」と安堵していた。

しかし、良雄が目指していたのはオリンピックというわけではなかった。

若者達に屋外に出て体を動かすよろこびを知って欲しい。健全な遊びや、スポーツに目を向けて、体を動かして、熱中する体験をして欲しい。そのために何か力になりたい。応援させて欲しい。ただそれだけだった。

中学生の頃、校長先生に「置かれた場所の第一人者たれ」と言われた。成績が一番、会社の売り上げが一番というのもいいが、兄弟の中で一番優しい。グループの中で一番気がつく。掃除が一番上手といったように、自分に一番相応しい一番を目指すのはとても素晴らしいと思う。

またずっと後になって他の人から「三流の人間になることが大事」という言葉をもらった。それは、汗を流す。涙を流す。血を流す。この三つを忘れてはならないというのだった。努力を惜しまず、他人の心に寄り添い、自分の身を切って今在る所のナンバーワンを目指すのが大切だと理解していた。その一つとしてスケートパークを作って若者の支援をした。

それでも、オリンピックの結果を受けて、スケートボードが世間に受け入れられ、若い世代に広がり、屋内にこもってゲームやスマホに没頭する子供が少しでも減っていくなら、それは大いに意味がある。

オリンピックの興奮冷めやらぬ空気の中で、そんなことを考えていた。

二、日本と韓国

島影を映してゆったり動く海は、明け初めた朝日を受けてきらきらと輝いている。

ああ、そうだ、ここは済州島の海、サンヂの海だ。

目覚めた魚たちが、帯のように群れをなして泳ぐ姿も美しい。なつかしい水の色が郷愁を誘う。私もいっしょに泳ごう。そう思った瞬間、魚たちがはじけ飛び、そこに黒い墨のようなものが流れ込んで、海は一面真っ暗闇になってしまった。

何も見えない。どうなっているのだ。何が起こったのだ。そう思っていると、今度は海が真っ赤に染まった。これは何だ。水ではない。血だ。血の海だ。

「うわーっ」

良雄は声を上げようと思うのにどうしても出すことができず、目が覚めた。夢だった。胸がドキドキしていた。良雄にとってサンヂの海はそんな記憶だったのかも知れない。

1953年元旦。父：金斗善（67才）、母：全應蓮（62才）

前中央の少年が末っ子の良雄。右が兄の正雄。(1940年頃)

一九三二年八月十二日、金山良雄（韓国名：金奉任）は大阪府東成区中道で済州島出身の両親、金斗善と應蓮との間に、六男一女の末っ子として生まれた。

貧しいけれど家族は互いに助け合い、みんなに愛されて成長した。特にすぐ上の兄正雄（奉佑）とは四才違いと年が近いこともあって、いつも一緒に行動していた。

兄たちが学校に行くと、アボジ（父さん）と中古の衣類や小物を乗せたリヤカーで販売に出かける。夜の間にワラで綯《よ》った縄等も積んでいた。売れていたのかどうかは覚えていないけれど、賑やかな鶴橋の朝鮮市場の方まで行ったりして、楽しかった。

ある時、劇場のような所を通りかかると「坊や、これ、食べるかい」と婦人に声をかけられたことがあった。何しろいつも空腹で、差し出された乾パンを夢中で食べた。大方食べ終えたとき、袋の底を見るとウジがわいていた。思わず袋を投げ出した。

あれは親切だったのか、意地悪だったのか分からないけれど、日本中が貧乏で、みんな生活をするのが大変な時代だった。誰も彼もみんな、いつもお腹をすかしていた。在日の両親は文盲でもあったし、六人の子供達を養うのは大変だったに違いなかった。

そんな状況を知ってか、ある時、船場の呉服屋が良雄を養子に欲しいとやって来たことがあった。当時、船場の呉服屋と言えば、この上もなく華やかな商売で、悪い話ではなかったと思うけれど、両親は迷わず即座に断った。それが良雄の親自慢だった。

良雄の出生届は一年遅れで提出されたため、小学校へは一年遅れての入学となった。そうでなくても大柄な良雄が一才年下のクラスに入る事になれば、文句なしのボス。兄の正雄と二人で暴れまわって、毎日が楽しくて仕方がなかった。そもそもこの兄弟はどんな時代でも、どんな所でも楽しめてしまう性分なのかも知れない。


しかし、そんな貧しいながらも平和で楽しい日常は長くは続かなかった。

戦争が激しくなって、家族はバラバラに疎開することになった。

良雄は上の兄、奉祚を頼って一人奈良県へ向かった。奈良には歴史的な建造物が沢山あるので爆撃の心配はないだろうということだったらしい。

そこは大阪と違って、山や田圃ばかりの田舎で、心細くなるほど寂しいところだった。

食事は麦飯に胡麻塩をかけたものが定番だった。

学校は王寺小学校で、五年生に転入した。いつの時代でもそうであるように、転校生の

1942年5月10日、日曜学校遠足。良雄少年10才(中列右から7人目)。

居心地はそう良いところではなく、大阪が懐かしかった。

ある日の学校帰り、地元の悪ガキ達の襲撃に遭い、羽交い締めにされた。あろうことか、ズボンを引き下ろされ、おちんちんに塩をすりこまれた。突然襲われた激しい刺激に良雄の怒りは爆発した。

押さえつけていた男の子を跳ね飛ばし、親分格で駅長の息子Dを動けなくなるほど殴りつけた。息つく間もなく、制止しようとする男の子達をぶん殴った。見知らぬ土地でひっそりと暮らしていた抑圧と憤りが相まって、自分でも制御できなくなって、たがが外れたように攻撃した。叫び声を上げながら激しく暴れて、気づいたときには誰もいなくなっていた。

「大阪で兄ちゃんとならした喧嘩の腕だ。こんな田舎者に負けるわけがない」

一人勝ち誇りながらも何故か虚しい気持ちだった。

それからというもの、ボスの座がDから良雄へと交替し、学校での良雄の存在感はすっかり変わった。しかし、だからといって以前のように毎日が楽しくてたまらないというわけではなかった。

いつも一緒だった兄ちゃんや、アボジ（父さん）、オモニ（母さん）がいないのは体の一部分が欠けたように充足感がなく、力が入らなかった。

その日も良雄は一人田圃の中のあぜ道を歩いて家へ向かっていた。

突如、轟音と共に戦闘機が真っ正面から飛んで来た。

「大変だ。隠れないと」

そう思うものの、見渡す限り起伏のない田圃で、家もなければ木さえもない。身を避ける所などどこにもない。「どうしよう。ああ、もう駄目だ」うろたえている間にも戦闘機は良雄をめがけてぐーんと下降し、コックピットのヘルメットにマスク姿の戦闘員の顔がくっきり見える距離まで近づいて来た。なすすべもなく地面に倒れ込むとダ、ダ、ダ、ダ、ダ、ダ、ダー、機関銃から無数の弾がとんできた。周りのめくれた土塊が、ものすごい勢いで良雄の顔や体に飛び散った。

戦闘機はそのまま彼方へ飛び去って行った。あっという間の出来事だった。辺り一面の弾痕が恐怖の瞬間を物語っていた。

「よかった。当たっていない」あんなに激しい銃撃だったけれど、良雄の体に弾は全く当たっていなかった。良雄の足は震えていて、立ち上がろうと思うのに立ち上がれない。

すると、再び爆音を轟かせて反対側から戦闘機が近づいてきた。同じ戦闘機なのか、さっきよりもっと下降して、今度は本当に戦闘員と目が合った。
ダ、ダ、ダ、ダ、ダ、ダ、ダーッ、ダ、ダ、ダ、ダ、ダ、ダ、ダーッ、さっきに増して激しい銃撃の後飛び去って行った。
少し前の方で、さっきは「母さーん」と叫んでいた良雄と同じくらいの女の子が血だらけになって倒れているのが見えた。動いていない。

まだガクガクと震えの止まらない足を励まして立ち上がると、不思議に弾はどこにも当たっていなかった。

「チャンスナ（良雄の幼少時愛称）奉祚兄さんの所に行ったら寂しいかも知れないけど、オモニ（母さん）はいつもチャンスナのことを祈っているから。一人じゃないよ。神様がオモニをチャンスナのすぐそばに置いて下さっているよ。神様はチャンスナのための天使を送って下さって、いつも守っていて下さるから一人じゃないよ。寂しくなったら祈ってごらん。オモニがすぐそばにいるのが分かるから」

奉祚兄さんの所に来るとき、オモニが良雄にそう言った。

オモニはいつも熱心に聖書の勉強をして、教会では伝道師のような働きをしていた。よく祈る人で、いつも悩みを抱えて苦しんでいるチマチョゴリの婦人達が、家にオモニを訪ねて来ていた。オモニは婦人達の悩みを聞いては「チャムラ（辛抱しなさい）、チャムラ」と背中をさすって、一緒に祈っていた。

オモニが一緒にいてくれて、守ってくれている。この時の奇跡は神様が良雄のために天使を送って守ってくれたのだ。良雄にはそう思えた。オモニが教えてくれたように祈ってみた。

「オモニの神様、ありがとう。守ってくれてありがとう。いつも一緒にいてくれてありがとう」

祈り方は分からなかったけれど、とにかく祈らなくてはと両手を組んで思いつくままに祈った。良雄には信仰心のようなものはなかったけれど、この時は本当に母の神が守ってくれたと思った。悲しいというわけでもないのに、涙があふれ出て止まらなかった。しかし、祈ってもオモニが一緒にいるとは思えなかった。

膝はいつまでもわなわな震えて上手く歩けない。家に着くまでに涙を止めなくてはと思うのに、涙はなかなか止まってくれない。上を向いて、はあ、はあ、と口で息をしながらよたよた歩いた。

口に出してもしかたのないことと分ってはいるけれど「みんなと一緒にくらしたいよお」と思わず声に出てしまう。それが良雄の最大の願いだった。何もかも戦争のせいだ。戦争さえなければと何度思ったことだろう。


良雄の願いは案外早く叶えられた。

翌一九四五年八月十五日　玉音放送をもって太平洋戦争の終わりが告げられた。

朝鮮半島はアメリカ軍とロシア軍によって三十八度線を境に南北に分断され、敗北した日本は朝鮮半島から撤退した。

良雄の両親は済州島からの出稼ぎ労働者だったが、終戦を機に故郷へ帰る決断をした。

家族が久しぶりに集まって、大阪から船に乗った。済州島でどんな生活が待ち受けているのかは想像もできなかったけれど、良雄は家族がそろっただけでうれしかった。

早朝の港には、乗船する人、見送りの人、びっくりするほど多くの韓国人が詰めかけていた。船は甲板もその下の船室も人であふれていて、夜はどうやって眠るのかと心配になるほどだった。

早朝に出発した船は、翌日の夕方、サンヂの港に着いた。船に慣れないせいか、陸地に降り立ってもまだ船に乗っているかのように体がふわふわしていた。

済州島にはすぐに生活できる家はあったが、食べるものは何もなかった。

父は大阪にいた頃と同じようにリヤカーで中古の衣料品販売を始めた。中学生になった良雄も時々一緒に出かけて市（移動店舗）を組み立てたり、販売を手伝ったりした。

島は七、八時間もあれば一周できる程の距離で、途中、あちらこちらに立ち寄りながらゆったりと歩く。

父はどういう訳か町を移動するたびに女性の家に上がり込んでお酒をごちそうになる。そこでは良雄にも食べ物が出された。そこを出ると再び機嫌良く歩き始める。そしてまた次の町でも別の女性の家に立ち寄る。島ではどの家も貧乏だというのに、行商の親子に飲食を振る舞うとはと良雄には不思議に感じられた。

田舎では週に一度ほど開かれる移動市場が住民の生活を支えてきた。済州島の風景。
良雄の時代は、この写真から20年程遡る。(1969年10月、提供:朝日新聞社)

島で景気がいいのは日本兵に代わって入り込んだアメリカ兵だけだ。

ある日、兄の正雄に「夜になったら軍の倉庫に行こう」と誘われた。闇に紛れて忍び込んだ空港の倉庫は、静かで薄暗く、足音が闇に反響して不気味だった。

来たことがあるのか、正雄は良雄に「ここにいろ」と命じて、素早く梯子を上っていった。上から「行くぞ」と声をかけて、缶詰が一つ、また一つと投げられた。「こんなに沢山」とうれしかったが、いつ見つかるかと気が気ではない。

正雄が降りてきて、手早く袋に詰めた缶詰を持って夜道を走った。これは正雄が進学のため東京に行くまでの数ヶ月間に何回かやった。

中学生の間ではサンヂの軍港に沈んだ戦艦の探検話で盛り上がっていた。船の中には大量の食料が眠っているというのだ。

そこは鉄条網が張られていて、数カ所に立てられた看板には「入ると銃殺する」と書かれてあった。柵の内側はアメリカ軍の領地で、いつも高い所から憲兵が見張っている。しかし「大量の食料」と聞けば、食べ盛りの中学生にそんな脅しが通用するわけがない。

夜明け前の憲兵が見張りに立つ前、泳ぎと体力に自信のある少年達が集まった。無言でバリケードのフェンス下の砂地を勢いよく掘り、穴を開けると、そこから次々と体を滑り込ませる。水はまだ冷たかったが、水底の戦艦を目指して泳いだ。

先頭の少年に続いて海底まで数メートル潜ると、確かに海軍の戦艦らしき船が沈んでいた。水圧のかかった金属製のドアを開け、食料庫にたどり着き、缶詰を抱えきれるだけ抱えて戻る。

村の子供達はみんな泳ぎの名人ではあったが、この一連の動作を一呼吸で行うのは大きな危険が伴って勇気が要る。ただ食料のためだけに、体力と勇気のある子供達は連日出かけて、数個の缶詰を手にして帰った。

それは、それぞれの家の食卓に上ったり、街に行って売ったりすることもできた。

ある日の夜中、良雄は母の大きな声におこされた。珍しく慌てていて、ただならない様子だった。

「お前、明日の朝、どこへ行く」

「サンヂに行くよ」

「駄目だ。あそこに行ってはならない。絶対に行くな」

普通ではない母の様子にたじろいだが、みんなと約束しているし、自分だけ行かないわけにはいかなかった。

「オモニ、どうした。どうして明日の朝サンヂに行ってはいけない」

母は少し落ち着きを取り戻して話し始めた。

「今、夢を見た。夢でお前の頭が割れて、大量の血が天井まで届かんばかりに吹き出していた。神様が教えてくれたのだ。明日の朝は危険だ。絶対に行っちゃあ駄目だ。お願いだから行かないでおくれ」

母は良雄にすがるように頼んだ。母がこんなことを言うのは初めてのことだった。

「分かった。明日の朝は行くのをやめる」


翌朝、村の連中の騒々しい声で目が覚めた。大声で子供の名前を呼びながら走っている。また別の人はよく分からない声を張り上げながら泣き叫んでいる。一人や二人ではない。

「何事だ」不審に思った良雄も外に出て後についてかけ出した。みんな海に向かってかけている。何があったのだろう。

海に近づくと進入禁止になっていて、もうそれ以上近づけなかった。

「子供達が殺されていた。アメリカ兵に見つかって銃殺されたらしい」

「身内の者はアイゴー、アイゴーと、泣きながら子供にむしろをかぶせていたよ。あわれだった。かわいそうに」

「海は子供達の血で真っ赤に染まっていた。海も血を流して泣いているようだった」

戻ってきた連中が話していた。いつものように出かけた子供達は、待ち伏せたアメリカ兵に一人残らず銃殺されたのだそうだ。

島の中で最も元気で、最も勇気があって、最も将来性のある子供達が殺されてしまった。あの仲間には良雄も船に潜入して中に閉じ込められてしまったときに助けてもらったことがあった。心根の優しい、気のいい仲間だった。

沈没した船の中の、誰も食べる予定のない缶詰を、ほんの少し持ち帰っただけではないか。島にはどこの家でも食べ物がなくて、それでどんなに助かったか知れない。確かにいけないことだけれど、それがアメリカ兵にとっては殺さなければならないほどの悪事だったのだろうか。

良雄は悔しかった。昨日まで一緒に行動していた仲間が一斉に死んでしまって、自分だけ生きているのも申し訳ない気がした。

それからは海に近づけなくなった。

殺されたのは子供達だけではなかった。米兵によって、いやそれ以上に韓国の警察、あるいは軍によって、多くの島民が殺された。抗議デモと虐殺の繰り返しで、何万という人々が命を落とした。同族の手によって際限もなく殺され続けた。

良雄の叔父もデモの最中に韓国人によって銃殺された。ずっと後になってそれが済州島四・三事件と呼ばれる歴史的な出来事だったと知ったが、当時の良雄にはその理由等分かるよしもなく、大勢の死体の中に倒れた叔父を見て、悲しみと怒りで気持ちが悪くなった。島民は国に生きる希望を繋げず、多くが戦前から親しんだ日本を目指して逃亡した。良雄も父が親しくしていたマルシンマーケットの西原さんの計らいで、一緒に和歌山を目指す密航船に乗った。

日本から渡ってきたときとは比べものにならないほど粗末な、漁船を改造したような船に三十人もの密航者が乗り込んだ。

その日はあいにくの大時化で、普通なら二日で到着する筈が随分と遅れてしまった。

小さな船は大きく揺れ続けた。デッキでも船室でも激しい船酔いで嘔吐する者が続出した。そうでなくても不潔な船室は悪臭が充満して、更なる船酔いを誘発する。

水も食料も底をつき、誰かが嘔吐すると素早く子供が駆け寄って、吐瀉物を手際よくすくい取って水で洗って食べていた。喉が渇いて、みんなで雨水をあらゆる物にためてそれを飲んだ。良雄も靴に受けて飲んだ。もう何日漂流しているのかさえ分からなくなった頃「着いたぞ」という声が聞こえた。

命からがら、やっとの思いで和歌山に着いたが、海が荒れていて上陸できず、海岸から上陸する事になった。

みんな疲れ切った体で、海岸を這うようにして降り立った。

良雄はとにかくたまらなく喉が渇いていて、真っ先に降り、田圃の水路を目指してかけ出した。マルシンの西村さんと二人で水路の水を夢中で飲んだ。

漸く落ち着いて海岸の方を振り向くと、そこには上陸したばかりの乗客が、地元の漁民から通報を受けたらしい私服警官と漁師に取り囲まれ、密入国容疑で全員逮捕されていた。すぐ近くにいた良雄と西村さんが無事ですんだのは、良雄の着用していた日本の学生服と、二人の滑らかな日本語の功績によるところが大きく、通りかかった地元の中学生親子ということで難を逃れた。

韓国国内の動乱を逃れ、命からがら海を渡ってきても、日本上陸と共に逮捕・連行された密入国者は数知れない。保安庁に捕まれば積んできた財産・家財道具も皆押収される。(1948年6月、提供：朝日新聞社)

その後、二人は大阪へ向かい、良雄は天王寺にいる奉姫姉さんを訪ねた。

姉は良雄の無事を心から喜んで、ごちそうを準備し、ポートワインで祝杯を上げてくれた。そして、

「この事件は新聞の一面に載っていたよ」と話した。「だけど、それは特に珍しいことではなくて、よくある記事の一つよ」とも言った。それを聞きながら、良雄は自分のために準備されたポートワインに興味津々だった。真っ先に口にした。生まれて初めて口にしたアルコールの香り、喉にしみわたるなんとも言えない甘美で濃厚な味、「これが大人達を魅了するアルコールの味か」とうっとりしながら杯を重ねた。次第に酔いが回って舌が痺れ、目がまわり、立ち上がるとふらふらしてうまく歩けない。

「良雄、大丈夫。まあ、これ全部飲んじゃったの」

姉の選んだ甘いワインは中学生にも抵抗なく飲めるとはいえ一本すっかり空けてしまって、その日は姉に介抱させてしまう羽目になってしまった。

とにかく日本へ着いた安心感とワインと食事ができた満足感、大きな疲労感でそのまま眠り込んでしまった。

良雄が当初目指した東京都台東区で、長兄やすぐ上の兄正雄と再会を果たせたのはその少し後のことだった。大阪から奈良、奈良から済州島、済州島から大阪、大阪から東京、わずか三年の間にめまぐるしく変化した生活拠点は漸く東京で落ち着く兆しを見せた。

長兄の準備してくれた家に正雄と二人で暮らし始めた。

久しぶりに会った正雄はすでに明治学院大学の学生で、すっかり大人になっていた。この兄が一緒にいてくれるのは本当に頼もしくて、うれしかった。何故か自然に「もう大丈夫」という気持ちになってくるのだった。

現在のアメ横にあたるエリアは戦後半年後の1946年3月時点ではまだ焼け野原。
（1946年3月、撮影：菊池俊吉）

線路沿い（上野 - 御徒町）の露天の賑わい。（1946年3月、撮影：菊池俊吉）

囲いの無い露天。（1946年3月、撮影：菊池俊吉）

それから3年が経ち、良雄が住み始めた頃の上野アメ横(まだアメ横というなは無いが)飴屋が大盛況していた。(1949年4月、提供:毎日新聞社)

終戦から4年が経とうとしている。この時点で既に上野－御徒町線路沿いは
現在のアメ横の姿を匂わせている。（1949年4月、提供：朝日新聞社）

良雄が入学した駿台学園中学校も彼に安心を与える場所の一つだった。

当時、どこの学校でも在日の入学希望は受け付けられなかったが「瀬尾義秀先生の始めた駿台学園では外国人を受け入れている」という情報が入った。

この学校の創学の精神にはこのように記されていた。

「万木一心」個性、実力、そして社会貢献

山々を彩る木には様ざまな種類があり、まさに千差万別で個性的です。しかし、そのよろずの木は、それぞれ個性を持ちながら、共存共栄しています。そして、ある木から出る落ち葉が一冬越して土に還り周囲の木々の養分になるなど、仲間に大いに貢献しています。人間もかくありたいというのが、「万木一心」ということばに込められた願いです。個性を持ちながら協調性を持ち、周囲の役にたつ、そんな人材を育成したいというのが、駿台学園の願いです。

瀬尾義秀氏（提供：瀬尾兼秀氏）

置かれた場所の第一人者たれ

人間には、好むと好まざるとにかかわらず、今置かれている場所があります。それは、自分が望んだ場所であるかもしれませんし、そうでないかもしれません。しかし、人は人との関わりの中で生かされているもの。今自分がいる場所も、その結果導かれたところです。そこで全力を傾けて仕事をすることは、他人をよりよく生かすことであり、それによって自分自身もよりよく生きることにつながるのです。その場所でかけがえのない人間になる。「置かれた場所の第一人者たれ」という言葉には、そういう願いが込められています。（駿台学園中学校・高校　学園紹介より）

良雄はこの創設者瀬尾義秀氏によって入学が許可された。創学の精神がそのまま実践されている学校で、瀬尾校長を始めどの職員も、中国人や韓国人にも親切で、分け隔てなく受け入れられ、愛された。

戦災で校舎を焼失した後の頃で、まだちゃんとした校舎もなく、校長の自宅をはじめ、台東区の小学校、小石川のどこそことか、秋葉原のどこそこ、と転々と間借りをしながら授業を受けて卒業した。その間に六十人程の生徒は皆家族のように仲良くなっていた。

授業で魅力を感じたのは英語だった。この時代に英語の授業に力を入れている学校も珍しかったが、英語教師、山室武甫先生の新しい感覚とわかりやすい授業は毎回楽しみだった。

山室先生はどことなく自分の世界に入り込んでいるような哲学的な人だったが、生徒には優しく、愛に満ちているのが伝わって来るような人だった。後にこの人が日本初の救世軍士官、山室軍平の長男であったことを知り、妙に納得できた。瀬尾校長もそうであったが、まるで別世界の人のように世間の目など気にも留めず、愛と正義の道を貫くという歩き方がまぶしいほどだった。

英語の授業は済州島で米兵のハウスボーイのアルバイトをしていた頃の事を思い出させた。

ハウスボーイの仕事は米兵の家の掃除や荷物運び、将軍のような偉い人が来たときには指示に従って荷物を部屋に運ぶ。高度な会話力は要求されないまでも、簡単な英語理解のために勉強していた。当然、仕事の場でも必要な英語は自然に身に付いて、英語への興味がわいていた。そんなこともあって、良雄は迷わず山室先生のＥＳＳ（English

Speaking Society）に入部した。時には先生から頼まれてテストの採点を手伝ったりするのも楽しかった。何よりも英語は異国の文化の香りと、まだ見たこともない国への憧れをかき立て、良雄をわくわくさせるのだった。

二年生になって、思い切って読売スピーチコンテストに応募した。それが思いがけなく三位に入賞して新聞に掲載された。先生方にも喜んでもらえて、これはうれしかった。勉強への弾みになって、ますます英語への興味を湧き上がらせた。

山室先生の思想もそうであったが、瀬尾校長の訓話もまた良雄の心を深く捉えて離さなかった。中でも校長がよく話された「置かれた場所の第一人者たれ」という教えは特別のものだった。

「今自分がいる場所で全力を傾けて仕事をすることは、他人をよりよく生かすことです。それによって自分自身もよりよく生きることにつながるのです。その場所でかけがえのない人間になる。「置かれた場所の第一人者たれ」という言葉には、そういう願いが込められています」

京都嵐山にて。駿台の仲間と。良雄は後列中央、白い上着姿。(1951年)

バザー部の仲間。良雄は最後列左端。(1951年)

繰り返されたこの言葉は良雄の座右の銘となり、その生涯にわたりこれを実践することが生き方の指針となっていると言っても過言ではない。

正雄と良雄は、長兄が住まいを準備してくれたので、生活費は自分たちで調達しようと心掛けていた。

学校から帰ると良雄は正雄と二人で商売に出かける。場所はもちろん銀座だ。最初は誰でもできるバナナの叩き売りだった。物資の乏しい時代で、銀座では何を売っても飛ぶように売れた。バナナも輸入品で高価な時代だったが、叩き売りではものの三時間もすると売り切れてしまう。この売上金で、もっと多くのバナナを仕入れる。そうして資金が増えると、次の品物を仕入れる。何を仕入れるかがちょっとした賭けだ。大当たりすると二人で喜び合う。失敗するとすぐに次の手を考える。

生活力旺盛な二人が集まると、何でも楽しみながら商売にして金儲けにしてしまう。

ある時は、どこで仕入れたのか正雄が大量のリプトン紅茶の空き缶を持って帰ってきた。これにメイドインジャパンのお茶を詰めて商品にする。リプトンティなんて大変な高級品

正雄と良雄。二人揃えば百人力だ。(1950年代)

で、めったに目にすることなどなく、庶民の手に入る機会などない時代だった。車いっぱいに乗せて銀座に乗り付けると、すぐに人だかりができて、あっという間に売り切れた。売り上げ金はズタ袋いっぱいになって、ずっしり重く、帰ってから計算するのに何時間も要した。

石けんを作ったこともある。ドラム缶に苛性ソーダと油脂や水を混ぜ合わせ、撹拌棒なんてなかったので拾ってきた箒で撹拌する。固まるとできあがりだ。石けんも不足していたのでいつものように人だかりができて、すぐに売り切れた。しかし、この石けんは失敗作だった。苛性ソーダが多すぎたのか、手を洗うと手が荒れる、皮膚が破れるというので、これはすぐにやめになった。

店の前にて。ここが後のムラサキスポーツ上野店になるとは、誰が想像できただろう。
（1950年代）

同じく、店の前にて。きれいに包装された石けんが並んでいるのが見てとれる。（1950年代）

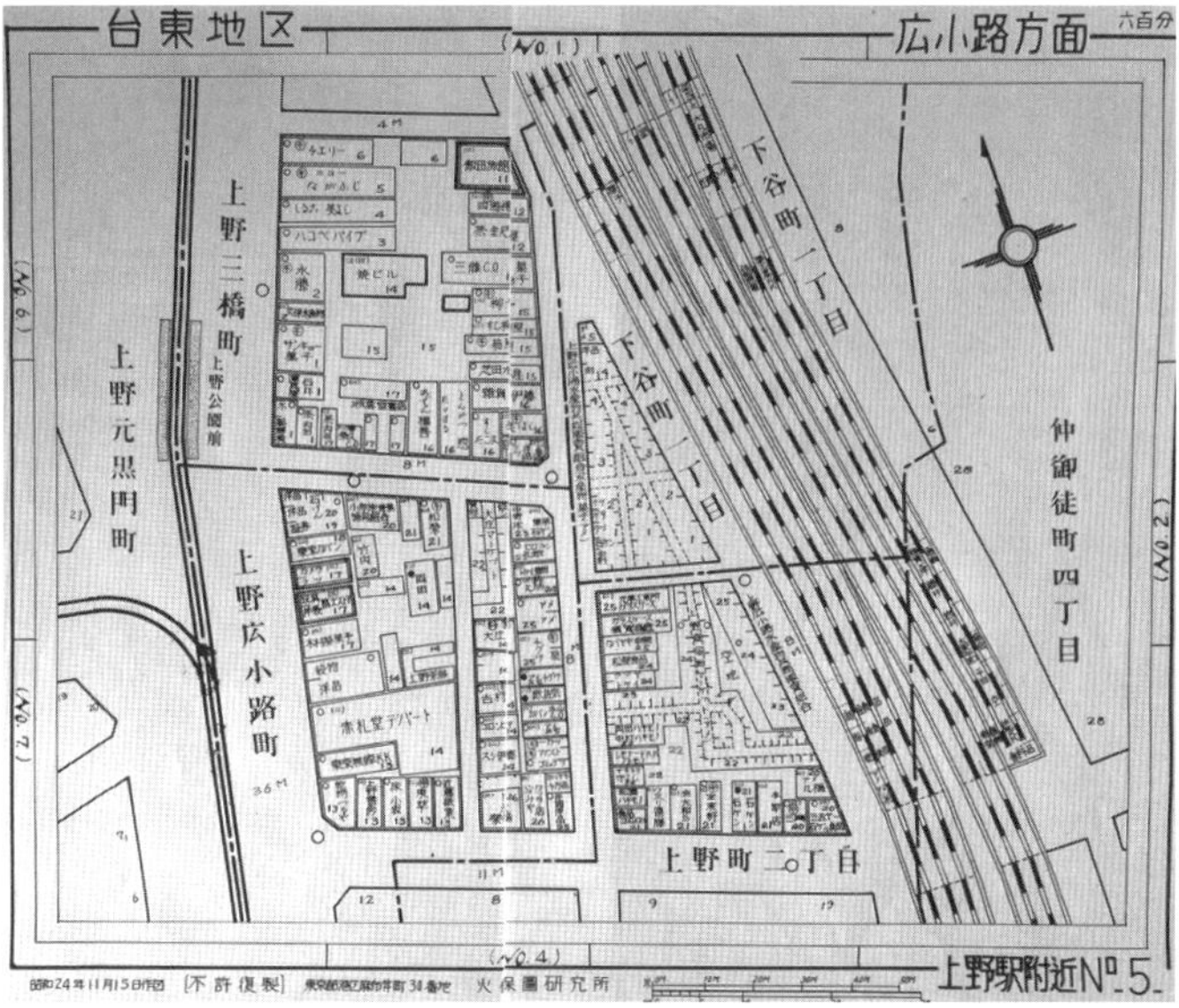

商業名の掲載された1949年製作の地図。
そこを見ると上野町2-21（現在の上野点の位置）には「石ケン」の文字が。
（1949年版、都市製図社「日本火災保険特殊地図、台東区」）

拡大したもの。「石ケン」という文字が二つ並んでいる。
（1949年版、都市製図社「日本火災保険特殊地図、台東区」）

日本火災保険特殊地図1951年版で同住所を見ると、既に「紫」の文字が。
（1951年版、都市製図社「日本火災保険特殊地図、台東区」）

やがて正雄はこうして蓄えた資金で第三商事という会社を立ち上げた。今でいう消費者金融の会社で、今度は連日取り立てに駆けずり回ることになった。

正雄の趣味は車で、大の外車好きだった。新しい車を買っては良雄にも「使っていいよ。乗ってみろよ」と勧めてくれた。そして、よほど景気が良かったのか、ついには日本で初めて（？）というポンティアックを輸入してひどくご機嫌だったことがある。

良雄の両親も、何度か密航に失敗しながらも、良雄より少し遅れて日本への入国を果たし、合流できた。この時から住まいを荒川区三河島に移して両親と三人で暮らすようになった。

この頃は毎日が楽しくて、良雄の人生で最も幸せな時だったかも知れない。

朝起きると食事の支度ができている。出かけるときはどんなに早くてもオモニが必ず玄関で見送ってくれる。学校が終わると兄ちゃんがいて、この兄ちゃんと一緒だと何から何まで楽しい。帰宅はどんな時間でも「お帰り、チャンスナ」とオモニが出迎えてくれる。奥の部屋ではアボジが酒を飲んでいる。オモニの笑顔は一日の疲れをすっかり拭い去って、

日本で最初のポンティアック？　正雄も良雄も車が大好き。（1950年代）

ほっとさせてくれる。

オモニも韓国人のクリスチャンが沢山集まっている三河島の教会に出席するようになって、毎日が楽しそうだった。

特に信仰心があったわけでもなかったが、日曜日は良雄も誘われるままオモニと一緒に教会へ行くようになった。オモニが良雄と一緒に教会へ行くのをこの上もなく喜んだからだ。

良雄にとってオモニは心の支え。文字通り、かけがえのない存在だった。（1953-5年）

三、闇に輝く光

駿台学園を卒業した良雄は、明治学院大学英文科へと進んだ。大好きな英語の学びを深めたい、できることなら外国へも行ってみたい。将来これを生かした仕事もしたいという若者らしい希望を抱いていた。

ここでは毎日チャペルタイムがあり、礼拝が持たれる。チャペルはいつも学生であふれていて、新しい世界観と、希望と、情熱が感じられる場所だった。


良雄がここで最初に出会ったのは賀川豊彦だった。

当時、彼は現代の三大聖人「カガワ、ガンジー、シュバイツァー」と呼ばれ、四度ものノーベル平和賞候補に推薦されたという世界規模の偉人だった。終戦時にはいち早くマッカーサー占領軍総司令官から直接意見を求められ、食糧支援を要請し、受け入れられたという経歴の持ち主でもある。

明治学院チャペル。写真は明治学院70周年記念式典（1947年）か。
（提供：明治学院歴史資料館）

講壇で教える賀川豊彦。（提供：明治学院歴史資料館）

賀川の言葉は、教会にこもって準備した牧師の説教や、聖書学者の話とは違っていた。命がけの情熱が直に伝わってきた。それは柔らかく純真な若者達の魂を揺さぶり、彼らの心を魅了してやまなかった。

人間愛の実践を、ある時は静かに、ある時は激しく語り、優れた記憶力や突飛もない発想と実行力、良雄には紛れもない天才だと思えた。

良雄はすぐに賀川の虜になり、賀川の本を読みあさった。特に「涙の二等分」や「死線をこえて」には深い感動を覚えた。そして、賀川が体を張って弱者と共に闘い、どのようにしてか彼らの助けになろうとして生まれたのが「救貧から防貧へ」のスローガンのもとに始められた労働運動、農民運動、協同組合運動であることを知った。こんな世の中に、こういう人が存在して、こんなにも間近に話が聞けるとは、という喜びに心が震えた。

賀川は大学では社会福祉学科で協同組合論、経済心理学を講義していた。良雄が英文科から社会福祉学科へ転科するまでにそう時間はかからなかった。賀川の授業を受けたい。その一心で転科を願い出て受け入れられた。

講義中の賀川。（提供：明治学院歴史資料館）

賀川の授業では誰よりも早く教室に入り、最前列の席に座って受講する。それが良雄の常であった。

教室に入ると、いつも賀川は講壇に伏して祈っていた。そこは聖なる場所のように空気が清められ、心地の良い緊張感が漂っていた。

賀川は白墨を使わず、黒板に大きなわら半紙を貼り、マジックインキの様なもので、これまた大きな文字を書いて講義した。一枚が埋まるとそれを剥がして捨て、次の一枚、そして次の一枚と良雄の目の前には捨てられたわら半紙が山をなしていった。

貧困を救済する、あるいは防ぐ、そのための協同組合論、これも興味深かったが、現実を見つめ、深い社会の問題に立ち向かい、次々と新たな働きを始めてはそれにいのちを燃やしていく、そんな賀川の姿がまぶしく、羨ましく感じられていた。

戦後間もない時代、貧困は格別珍しくなかった。日本中の誰もが今日どうやって食べていこうかと思案しながら生きているような時代だった。賀川自身も神戸の貧民窟に身を置いて宣教活動をしていた頃、泥棒に侵入され、自分の着ている下着を差し出すほか盗まれるものがないような暮らしを体験し、その地域で生きる人々を目のあたりにしながら、積極的な貧困からの脱却対策が必要と感じたのだ。それにしても、その働きは農民運動、労働運動、無産政党運動、生活協同組合運動、あるいは子供のための幼稚園、保育園、学校の設置、子供家庭支援事業の展開と枚挙にいとまがない。このとどまるところを知らないエネルギーはどこから湧き出るのだろうか。すべてその信仰から出ているのだとすれば、キリスト教とはどういうものだろうか。講義を聴きながら思いを馳せていた。

大学では皆授業が終わるとさっさと帰宅するのだったが、そんな中でも何人かの親しい友人ができた。特に在日二世の友人達とは校内だけではなく、喫茶店や、食堂で議論を交わしたり、とりとめのない話をしたりするようになっていた。良雄にとってこれは新しい世界で、心が弾む時間だった。

良雄は前述の通り出生届が一年遅れで提出され、明治学院には一浪して入学したため、大学の同級生よりは二つか三つ年上だった。

そんなこともあって、彼らとの食事の代金はたいていの場合良雄がみんな支払っていた。年上なのだから当然そうすべきだと思っていた。そのせいか、友人達は良雄のことを「社長」と呼んでいた。その頃はあまり気にもかけていなかったが、ずっと後になって、このような平等ではない交流は本当の友人とはなりにくいのかも知れないと思うようになった。

三河島教会の執事の面々。母應蓮が前列に。母の後ろには良雄の姿が。(1953-5年)

事実、当時の友人達とは長く関係が続くことはなく、今でも残念に思っている。

教会生活も少し変化していた。

母に連れられてひっそり礼拝を守るだけの日曜日から、時々礼拝で司会の奉仕をするようになった。また、韓国語の分からない在日二世のために、韓国語から日本語に翻訳する奉仕も引き受けて前に立ったりした。教会の聖歌隊にも参加した。次第に牧師から色々な奉仕を頼まれ、何かと期待されるようになり、教会に集まっていた婦人達や幼い子供達とも親しくなっていった。

その内、日本語部での説教を頼まれるようになり、説教準備を通して自然と聖書理解も深まっていった。いつも穏やかな笑顔と物腰の柔らかい会話、きちんとした身だしなみの良雄は、教会ではハンサムで頭の良い青年として誰からも尊敬される人気者となり、まるで王子様のように扱われていた。日本語部での説教も分かりやすいと若者達の間では好評だった。

文盲だったはずの母も、どのようにして読み書きを習得したのか、熱心に聖書を開いて

父斗善、母應蓮。教会のピクニック？（1953-5年）

読むようになり、相変わらず婦人達の相談に乗って慕われていた。

そんなある時、礼拝が終わると母が手を上げて「少しお話しをさせて欲しい」と願い出た。

母には済州訛りがあり、言葉が分かりにくいこともあって、良雄は「やめた方がいい」と止めた。それでも母は「最後だからどうしても話をさせて」と聞き入れず、前に出て話し始めた。

それはこれまでの交流に対する感謝や、理解が難しいお別れの言葉だった。なぜこの日にそのような挨拶をしなければならなかったのか、その時は誰も分からないまま母の言葉を聞いていた。

その三日後、二月の雪の降る寒い夜、突然母が体を曲げて苦しみ始めた。尋常ではない様子に良雄は狼狽した。何が原因で、どう対処すれば良いのかも分からず、兄の正雄に連絡をした。近くに住んでいた兄も血相を変えてとんできた。とにかく二人で母を抱えて車に乗せ、連絡のついた東京医大病院に向かった。病院までの時間がおそろしく長く、その間に何かあったらどうしようと、それればかりが気がかりだった。

　運び込んだ病院では急性肺炎と診断された。

　手当を受けて、痛みも治まって、ようやく落ち着いた。「大丈夫。これできっともとのように元気になる」良雄は何度も自分に言い聞かせた。

「チャンスナ、そんな顔しなくていいよ。心配ない。いつも神様が一緒だから」

　母はそう言うと目をつむったまま、か細い声で賛美歌を歌いはじめた。

　　神様がすべてを創られて
　　全世界を支配された……

　しだいに声が小さくなって、聞こえなくなってしまった。良雄ははじかれたように立ち上がり、母に抱きついた。

「オモニ、オモニ、しっかりしろ。だめだ。死んじゃ駄目だ。死んじゃ駄目だ」

　顔がこわばって、制御できない感情に翻弄されていた。

　駆けつけた医師が死亡の確認をして、看護師の手でボトルにつながれたチューブが外されていった。

病院に搬送してほんの数時間のできごとだった。良雄は静かな母の最期を到底受け入れることができず、母から離れることができなかった。

「どうしたというんだ。これはきっと何かの間違いだ。オモニ、目を開けるんだ」混乱する思いと祈るような思いとでその小さな体をさすり続けた。しかし、それがもう生きている母ではないことを伝えるかのように、足の方からしだい冷たくなっていった。兄は何も言わずに傍らに立っていた。良雄の様子を見ながら立ったまま泣いていた。

ついさっきまで、いつもと同じように押し入れの中に入って、聖書を読んで、あの人のため、この人のため、あのこと、このことと祈っていたのだった。

死の間際まで賛美歌を歌いながら神の御許へ凱旋するとは、いかにも母らしい。全くあっぱれな信仰の人だと思う反面、「どうして」「なんで」「何でオモニは死んでしまわなければならないのか」「神が愛ならどうして私から母を取り上げるのだ」「やっぱり神なんかいない」という思いが頭の中をぐるぐる駆け巡った。

その日は床につくことができず、人気のない東大グランドまで行って、フェンスを叩き、地を叩き、天に向かって「神はどこだ」「母を返せ」と叫び、大声で泣き続けた。

どれほど暴れても、泣き叫んでも、心は少しもおさまらなかった。それでも泣き続けるほかなく、みっともないほど泣き続けた。

遺体は数日の後、自宅から火葬場に運ばれた。棺が火葬の炉に移されようとした時、良雄はもうどうしようもない辛さに堪えきれず、再び大声を上げて泣きだした。棺にしがみついて叫んだ。
「やめろ。やめてくれ。焼くなら私も一緒に焼いてくれ。一緒に焼いて、一緒の墓に入れてくれ」
「末っ子の良雄は年寄りっ子で、母親に溺愛されて、いつもべったりだったから無理もない」と見ていた近親者の涙を誘った。いつまでも棺から離れようとしない良雄を、友人が諭して引き離した。棺が炉に入れられ、その扉が閉まると、自分の体が引き裂かれるように悲しくて、つらくて、またも辺り構わず大声で泣いた。火葬場での出来事は悪夢のように脳裏に焼き付いて離れない。

母がもうこの世から消し去られた。そのことを考えると体中の力が抜けて何をする気にもなれなかった。

それとは対照的に、これまでは朝から晩まで酒浸りだった父斗善は、妻應蓮の死によって酒量が減り、生活態度がすっかり変化していた。

普段はおとなしくてやさしい人だったが、酒が入ると母に悪態をついて殴る、髪をつかんで引きずる。物を投げて大声で怒鳴る。大阪でも、済州でも、すきを見ては女を作って遊ぶ、そんな人だった。母はどれだけ悲しい思いをして忍んできたことか。母がいつも良雄にべったりで、ひたすら仕えていたのは父から受けた屈辱から目をそらすためだったのかもしれない。

その母への罪滅ぼしのつもりなのだろうか。父は毎週日曜日には身なりを整え、聖書を抱えて教会へ行くようになった。教会では最前列に座り、熱心に牧師の話に耳を傾けていた。これまでの罪を悔い改めて、死んだ應蓮の祈りに応える歩みをするのだと牧師に話したらしい。何だか別人のように立派になった。

ある時は、母に夫婦げんかの相談や子育ての相談をしていた婦人達から「私が死んだら應蓮さんのお墓に入れて欲しい」と言われたとうれしそうに話した。

母の眠っている谷中の墓地へも、毎日足を運んで墓参りを欠かさなかった。

兄の正雄は、あれ以来魂が抜き取られたように放心状態になった良雄を心配していた。

このままだと本当に抜け殻になって死んでしまうのではないかと、酒場に連れ出して慰めてくれた。しかし、それは一時の慰めに過ぎず、真の解決にはならなかった。

朝が来ると再び憂鬱な一日が始まる。

この憂鬱はどこから来るのだろう。どうすれば以前のように晴れやかな気持ちになれるのだろう。どうすれば穏やかで平和な日が始まるのだろう。

もはや自分は自分を奮い立たせることもできない。このままではいけない。いや、これは仕方がない、もう自分を慰めてくれる母もいない。生きていく意味さえ見いだせない。ああ、考えると頭の中が混乱して気が変になりそうだ。あれ以来、兄が連れて行ってくれた居酒屋に足を運ぶようになった。アルコールが入ると少し気が楽になって現実から目をそらすことができた。

良雄の家は祖父も父も兄も皆アルコール依存症だった。みんなこんな気持ちからアルコールに走ったのだろうか。これまでの良雄は、母の期待に応えてか、共に飲み歩くようなことはなかった。しかし、今は違う。誰から誘われるわけでもないのに夜が深まるとアルコールを求めて街をさまよう。それを止める人もなく、良雄は飲めば飲むほど寂しくて孤独だった。

大学から帰って仕事が終わり、夜になると心はもう落ち着かない。引き寄せられるように酒場へ向かう。酒をしたたか飲んで、やるせない心を麻痺させる。時にはそこに居合わせた女性と仲良くなる。ダンスを踊る。しばらくの時間をその日出会った女性と過ごす。相手はだれでもよかった。肌を合わせると、何か慰められるような気がして、いっとき穏やかな気持ちになれた。

毎日、夜になるのを待って、酒場を目指して彷徨する。訳が分からなくなるまで飲む。初めのうちは一時の慰めを求めてアルコールに手を出していたが、もう何のために飲んでいるのか、何を求めているのか自分でも分からなくなっていた。それは紛れもない深い闇の世界への入り口だった。

大学の卒業を前に同級生達はそれぞれ就職先を決め、進むべき道に向かって準備を始めていた。良雄も何か夢中になれる世界が与えられれば正気に戻れるかも知れないと就職先を探した。しかし、当時の社員募集欄には例外なく「第三国人は除く」と但し書きがあり、在日に開かれた就職先はどこにもなかった。

この国では自分は第三国人で、日本人ではないのだ。大学を卒業したからといって、我々に開かれた道は飲食業か遊技場くらいしかない。いいや、何をやっても道は開かれない。生きていても仕方がない。いっそ死んでしまいたい。絶望的な気分で、しだいに毎日死ぬことばかりを考えるようになっていた。

「取り敢えずその英語力を生かしてうちで働いてみないか」と、当時貿易会社を経営していた上の兄から誘われて、兄の秘書として働くことになった。

これを機に「酒を断つ」とかたく誓って働き始めた。

本来真面目で勤勉な良雄はしだいに仕事にやりがいを覚え、喜びを覚えるようになっていた。誰もがこれはうまくいった。これで立ち直れると感じ始めていた。

けれど、アルコールの誘惑はそんな生やさしいものではなかった。

いつの間にか再びずるずると夜の街に出かけてはへべれけに酔って、朝帰りを繰り返すようになり、ついに会社へもアルコールの匂いをプンプンさせながら出勤するようになってしまった。

母の死から二年後、父も後を追うように死んだ。

良雄はすっかり一人ぼっちになってしまった。二人からはずっと「チャンスナ」と幼名で呼ばれ、まるで幼な子のように守られて来た。外ではれっきとした大人で、しっかり者だと思われていたけれど、それはいつも二人が後ろで保護していてくれたからに過ぎなかった。特に、母がいなくなってからは、意気地のない、何もできない、ただの木偶に成り下がっていた。もう安心して帰る家もなく「お帰り」と笑顔で迎えてくれる人もいない。飲んだくれて、行き倒れても、心配してくれる人もいない。やり場のない孤独感はますますアルコール依存を深め、良雄を苦しませ続けた。

正雄は一人になった良雄を心配して、一緒に暮らそうと自宅に呼び寄せた。しかし、それは昔の兄ちゃんと弟がいっしょに暮らすのとはわけが違っていた。兄には家族がいて、賑やかな幼い三人の子供達との生活は、結果としてアルコールによって精神障害を煩っていた良雄をますます苦しめることになった。

なれない賑やかな声の中で、良雄の孤独感はいよいよ深まり、眠れない夜と、絶え間のない死への願望に襲われ続けた。医師の処方はまったく効を奏す事もなく、何度かの自殺未遂の果てに、無気力な日々を送っていた。そんな思いから解放されたくてアルコールへ逃避しているというのに、飲むほどに虚しい思いが広がるばかりで、実際には何の解決にも繋がらなかった。

そんな時に耳にしたのがロボトミー手術だった。

精神病の治療として脳の一部を切除することにより、その人の人格変化を希望する方向に向けることができる。不安発作と妄想で悩んでいた患者も処置後は見事に改善され、乱暴で手のつけられないような患者も、この手術を行うことでおとなしくさせることができ、扱いやすくなる。アルコール依存症も脳をほんの少し傷つけることで飲みたくなくなる。これは画期的な治療法で、これを発明したポルトガルの精神科医はノーベル賞まで受賞している。アメリカでは二万人もの精神障害者が手術を受けている。全身麻酔も不要でほんの数分で済む手軽な手術で、長年の悩みや時間、お金の苦労から解放される。というような話だった。当時はこの手術による人格的変化は元に戻すことはできず、人間性を奪い、すっかり人間をこわす手術だという問題はあまり議論されておらず、良雄はすぐに自分も受けたいと東大病院を訪ねた。

病院では一通りの説明の後、手術室に運ばれると、早速麻酔を受けた。

どのくらいの時間がたったのか、気が付くと畳の上に寝かされていた。

「目が覚めましたか」

もうろうとした意識の中で「ああ、これですっかり別人格に生まれ変われた」と思った良雄に執刀医が声をかけた。

「実は手術はできませんでした」

大きな期待を持って一大決心で臨んだというのに、良雄は心底がっかりした。

医師からはこの時を境に東大病院ではこの手術は禁止になったのだと説明された。しかし、実際に日本でロボトミーの手術が禁止になったのはこの十年余り後のことだった。後に執刀医は「この立派な青年を、人格をなくした廃人にしてしまうのは忍びなかった」とも話した。この時、手術がなされていたら、どんな人生を歩いていただろうか。後に良雄はこの時のことを「神の手が働いた恵みの出来事」と言って心から感謝した。

ともかく手術は行われず、なすすべもなく帰宅した。万策尽きた心地で、この先どうやって生きていけば良いのかと途方にくれていた。

ぼんやりと上野公園を歩いていると、炊き出しの列に出会った。いつも百人以上のホームレスが長い列を作って並び、金城先生と呼ばれる男性から食事を受け取っている。食事の後には賛美歌を歌ったり、聖書の話をしたりしているようだ。

「そうか、この人はクリスチャンなのか。同じクリスチャンでも自分とは大違いだ」

そして良雄の頭に「こんな風に誰かに仕える事ができたら自分も死にたいという思いから解放されるかも知れない」という思いがよぎった。それで金城先生という男性に声をかけてみた。

男性は尾竹橋病院の院長で、ある時上野公園を散歩していてホームレスの男性が倒れているのに遭遇したのだそうだ。その男性のお腹はぺったんこで、すでに息をしていなかった。餓死だった。彼は祈った。そして神はどうしてここで彼と出会わせられたのだろうかと考えた。以来、心に示されるままホームレスのための炊き出しを始めたということだった。

良雄はトルストイの小説を思い浮かべた。日本では「靴屋のマルチン」という題で子供達に紹介されている。


靴屋のマルチンは最愛の妻と子供に先立たれて、良雄と同じようにひとりぼっちだった。毎日孤独で、寂しくて、すっかり生きる希望をなくしていた。妻子を亡くしてからと言うもの、外に出かけることも、外を見ることもなくなり、ただ、毎日トントン、トントン、靴だけを作っていた。

マルチンの住まいは半地下で、窓を開けると、道を行く人々の足もとだけが見えた。マルチンにはそれだけで誰が通っているのかすぐに分かった。みんなマルチンの作った靴を履いていたからだ。

ある時、店にやって来た旅人に自分の話をした。「毎日寂しくて、虚しくて、何のために生きているのか分からないのだよ。ああ、この世に神なんかいやしない」と言って嘆いた。すると旅人は「これを毎日読んで、お祈りをしてごらん」と言って、聖書を置いて行った。

マルチンは「ふん、聖書か」と思いながらも毎日読んで祈っていた。

ある日のこと、聖書を読んでいたマルチンにイエス様が語りかけられた。

「マルチン。明日、通りをよく見ていなさい。お前の所に行くからね」

翌朝、マルチンはイエス様を迎えるためにストーブに火をつけ、お湯を沸かして部屋を暖かくして仕事をしていた。久しぶりに通りの方を気にして何度も眺めた。すると、雪かきをして寒そうにしているステパノじいさんが見えた。マルチンはステパノじいさんを呼んで、イエス様のために準備していたお茶とクッキーをごちそうした。

久しぶりにじいさんとたくさん話をしてなんだか楽しかったなあと思った。

しばらくすると、今度は赤ちゃんを抱いた女の人が見えた。オーバーも着ないで寒さに震えてうずくまっていた。マルチンは大急ぎで店の中に招き入れ、体を暖めさせ、赤ちゃんにはミルクを飲ませ、女の人にはパンとシチューを食べさせた。女の人はたいそう喜んで帰って行った。マルチンの心も温かくなっていた。

夕方になって、リンゴ売りのおばあさんからリンゴを盗もうとする少年の姿が見えた。マルチンはその子を捕まえ、おばあさんに謝らせ、お金を払ってその子にリンゴを食べさせてやった。男の子はおいしそうにリンゴをかじって、お礼を言って帰って行った。マルチンも幸せな気持ちになっていた。

ついに夜になって、店を閉める時間になってしまった。

「ああ、イエス様は現れなかったな」とがっかりするマルチンに声が聞こえた。

「マルチン、お前には私が分からなかったのか」

「えっ、どなたでしょうか」

「ほら、私だよ」

ステパノじいさんの声だった。

「ほら、私だよ」

女の人と赤ん坊だった。

「ほら、私だよ」

リンゴ売りのおばあさんと少年だった。

「みんな私なんだよ」

イエス様はそう言われた。マルチンの心は喜びでいっぱいになっていた。

わたしの兄弟であるこれらの最も小さい者の一人にしたのは私にしたのである。
聖書　マタイの福音書　二：四〇

金城先生はまるでイエス様に接するかのようにホームレスの人々を大切に扱っていた。驕《おご》ることもなく、聖書の話をして、一緒に賛美歌を歌っていた。

「誰でもイエス様を知る権利がある。だから紹介しているだけだよ。『神はいない』と思って生きるより『神はいる』と信じて生きる方がずっと幸せなのだということは、クリスチャンなら誰でも知ってることだろう。みんなに本当の幸せを手にして欲しいじゃないか」

戦後間も無く上野公園で炊き出しを開始した金城周奉牧師。(金城周奉氏伝記より)

君がクリスチャンなら分かるだろうというように話した。

「先生、私を弟子にして下さい」

金城先生は唐突な良雄の申し出に驚きながらも、良雄の身の上話にじっと耳を傾けて
「つらいところを通っているんだね。神様のご計画は人にはわかりにくいけれど、今に分かるときが来るよ。それじゃあ、一緒に炊き出しをやるか」と言ってくれた。まるで父親のような優しさだった。

以来、良雄は毎日上野公園へ出かけては食事を配ったり、賛美のリードをしたり、聖書を配ったりと、任されたことは何でも誠実にやった。ホームレスの人々に対しても高慢な思いなどみじんもなかった。それどころか、この時間だけは死にたいという思いから解放され、安らぎの時間にしてくれる彼らに感謝さえしていた。ホームレスは良雄にとって大切な友人だった。

炊き出しは金城先生と一緒に続けたが、数年後に先生は癌に倒れて亡くなられた。それからは、良雄が先生の意志を引き継いで、次々と現れる賛同者と協力しながらずっと続けている。

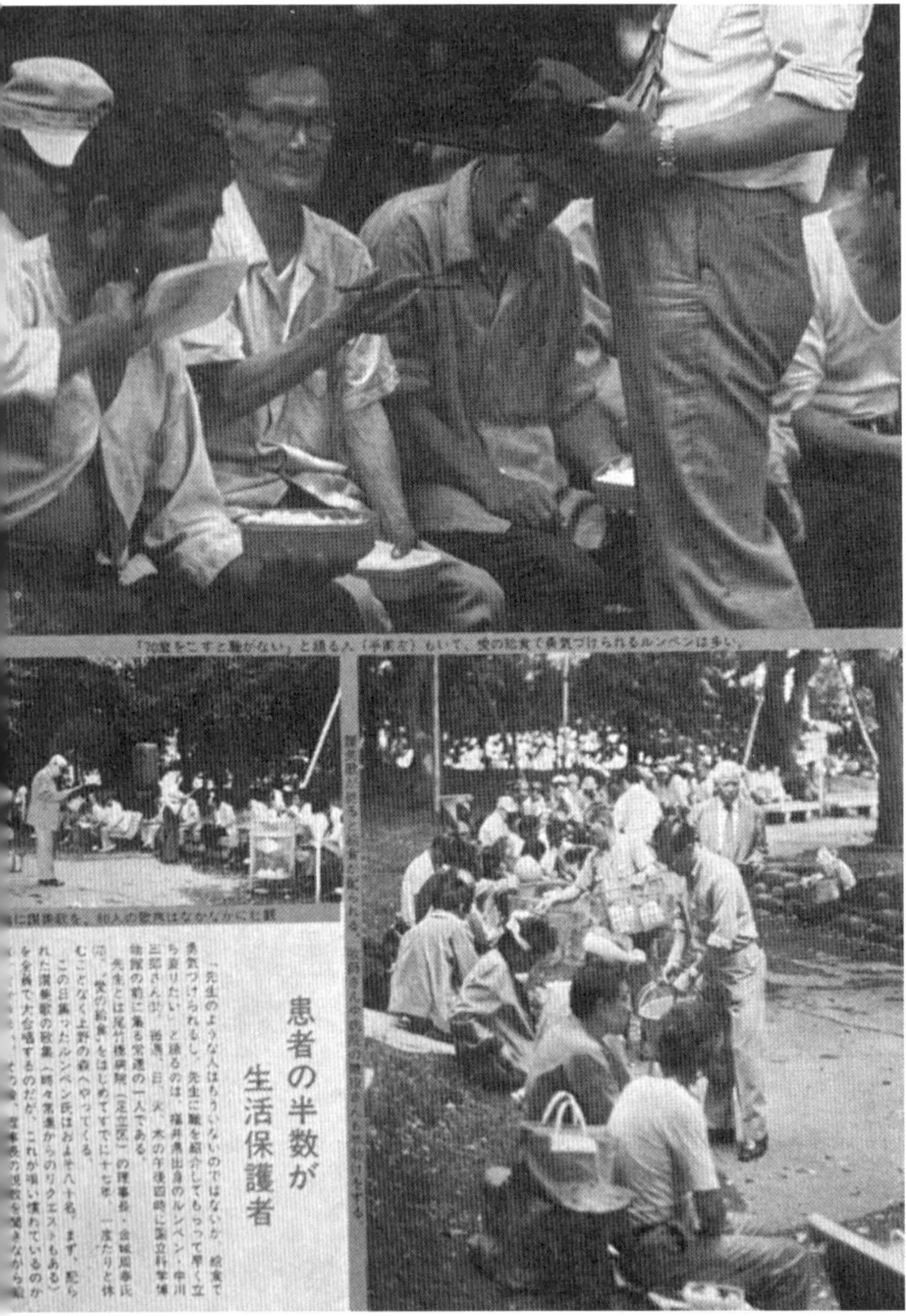

患者の半数が生活保護者

「先生のような人はもういないのではないか。給食で勇気づけられるし、先生に職を紹介してもらって早く立ち直りたい」と語るのは、福井県出身のルンペン・中川三郎さん。毎週、日、火、木の午後四時に国立科学博物館の前に集る常連の一人である。

先生とは尾竹橋病院（足立区）の理事長・金城周奉氏。"愛の給食"をはじめてすでに十七年、一度たりと休むことなく上野の森へやってくる。

この日集ったルンペン氏はおよそ八十名。まず、配られた讃美歌の歌集（時々常連からのリクエストもある）を全員で大合唱するのだが、これが唄い慣れているのか

上野公園炊き出し。右下写真で腕まくりをして味噌汁か何かを配っているのが良雄。
その後も上野公園炊き出しは良雄のライフワークに。（金城周奉氏伝記より）

四、人が本当に「生きる」ということ

望みをかけていたロボトミー手術にも見放され、金城先生の炊き出しに助けられながら、何とか自分を取り戻そうと思うものの、どうにもならない無気力な毎日を、良雄はやっと生きていた。こんな悩みを聞いて、理解してくれる人さえ見いだせなかった。

ある時、保険屋の橘さんがやってきて「元気を出して下さいね」と声をかけてくれた。橘さんは自動車保険の代理店をやっていて、しばしば兄のところに出入りしていた。

良雄は「どうしたら元気が出るのでしょうか。どこからも元気が出てこなくて困っています」と応えた。話を聞いた橘さんは「それは困りましたね。だったら、四国の金田福一先生にお会いになったらどうでしょう。この先生ならきっと力になってくれますよ」と言うのだった。

橘さんの家では定期的にキリスト教の家庭集会を開いていることは良雄も知っていた。そこでは時々、全国各地から著名な説教者を招いて聖書の話をしてもらうらしく、彼は多くの宣教活動家とつながりを持っていた。金田福一先生もその中の一人らしい。

「この先生は何度かうちにもお出でいただいていますが、いつお話しを聞いても背筋がピンと伸びて、心の奥底から力が湧き出て来ます。自分の力ではない大きな力が動きだします。なんと言ったらいいのでしょうか、お話しを聞いた後は心地の良い平安と喜びに包まれるのです。そう、神様に出会わせてくれる方といえばよいですかね。まあ、お会いになってみたら分かりますよ」

橘さんの話を聞いているうちに良雄は矢も楯もたまらず会ってみたいと思った。


本州と四国を結ぶ橋も、新幹線もない時代の事で、東京から岡山に向かい、宇高連絡船で香川県の高松へ渡る。

船に乗ると、甲板にも、二等船室にも賑やかな子供達の声がして、船はゆっくり進む。横になると幼い日の済州島に向かった記憶がよみがえる。今はもう父も母もいない。遠い日の思い出だった。船内はその頃と変らぬ活気があった。

降り立った高松は、予想よりもずっと大きな街で、ちょっと驚いた。目的の駅は予讃線に乗り換えてもなお遠く、すでに日は傾き始めていた。

やっと着いた所は愛媛県の小さな駅で、下車したのは良雄ただ一人だけだった。さて、どうやって金田先生を探そうかと見渡すと、改札口に向かうホームの端に、大きなプラカードを持って立っている人影が見えた。よく見ると、その看板には「金奉任くん」と書いてあった。良雄の本名である。それを見たとき、良雄は胸がいっぱいになって、こみ上げてくる感情を抑えきれずに泣き崩れてしまった。この人は自分の韓国名に「くん」をつけた看板を持って、汽車が着く度に自分を待って探していてくれたのだ。

まだ差別も色濃く、自分でさえ本名を久しく使っていなかったというのに、この人は自分の立場や外見など気にも留めず、このプラカードを掲げて東京からやって来る金奉任を待っていてくれたのだ。きっと橘さんに紹介されてからずっと自分のことを祈りの内にも覚えてくれていたに違いない。掲げられた自分の名前が愛しくて、この牧師の真実と愛の深さがうれしくて、自分でも思いがけない反応だった。

金田牧師に連れられて向かったお宅では、サト子夫人が食卓を整えて待ってくれていた。

「ささやかな食事だけど、彼女の料理は実においしいんだ」

そこには懐かしい香りの家庭料理が並べられていて、口に運ぶと、おいしくて、ありが

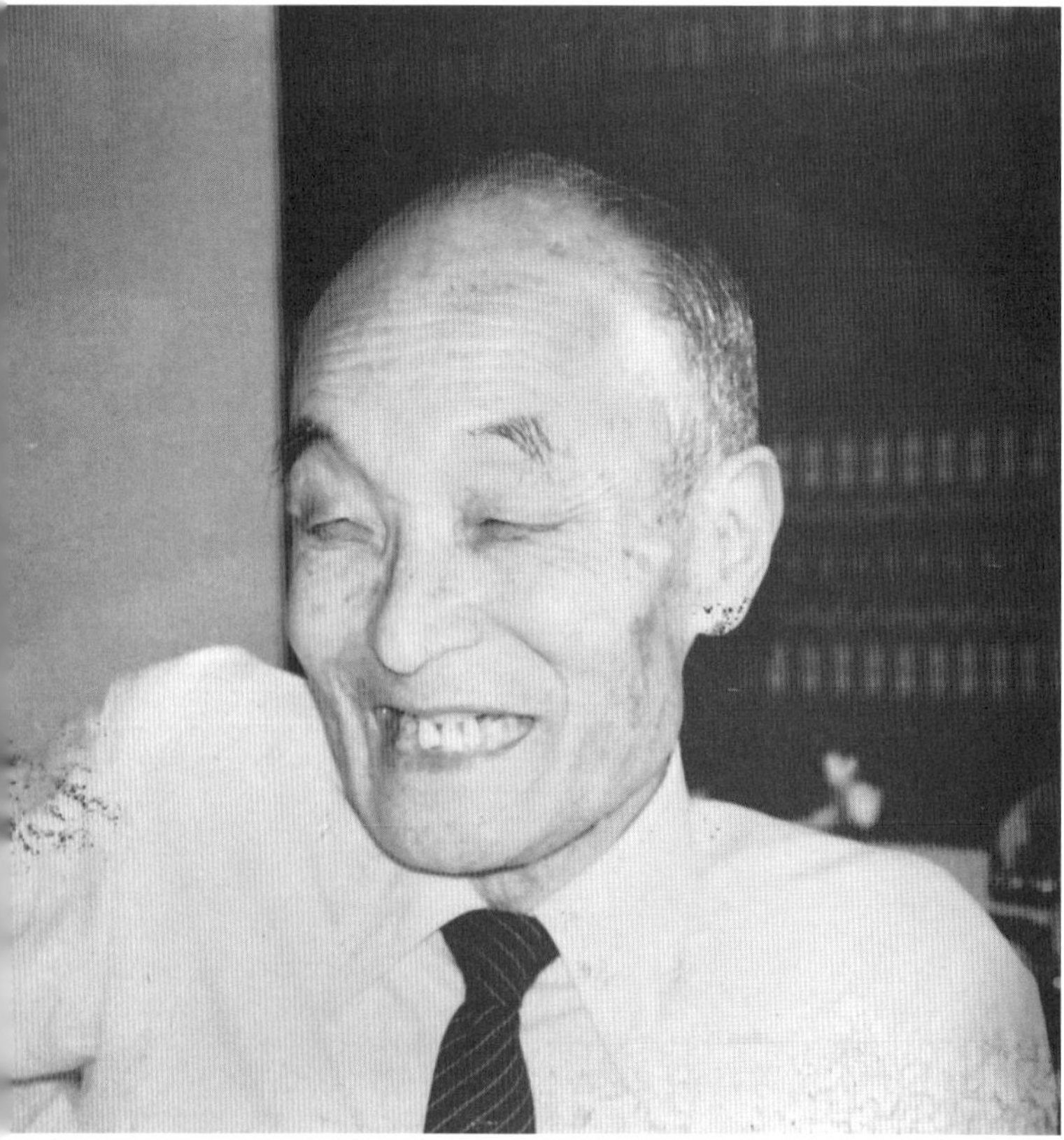

金田福一牧師は生涯の師となる良雄にとって特別な存在。

たくて、心に堅く張り巡らしていた垣根がゆるゆるとほどけていくのが分かった。

食後にはあんころ餅が出された。あんこの甘さが母を思い出させて、サト子夫人の心遣いがしみじみうれしかった。これを食べながら、夜が更けるのも忘れて話をした。途中でふと、あまりに沢山話して聞き飽きられていないかと夫妻の顔を見た。夫妻はうん、うんとうなずきながら優しい表情で、飽きることもなく聞き入ってくれていた。その愛の深さに再び涙しながら心ゆくまで話した。

その夜は、自分でもあきれるほどたくさんしゃべって、旅の疲れも手伝い、すっかり疲れきって床についた。母を亡くして以来初めてではないかと思うほどよく眠った。

この日から良雄はしばらくの間、金田夫妻と生活を共にすることになった。

金田夫妻の家は、まるで実家にでも帰ったかのように温かく、愛に満ちていて、居心地が良く、良雄の心は次第に癒やされていった。

金田福一から学んだ最大の教えは臨在信仰、つまりイエス様は生きてここにおられるという信仰だった。金田は、聖書の話をしている時だけではなく、生活のすべてにおいて、いつもイエス様が一緒、だから誰に対してもイエス様が自分を愛して下さったように愛する。誰が見ていようがいまいが、こんな時イエス様ならどうされるだろうか、と考えて行動するという人だった。

この家のテーブルにはいつも人数より一つ多く座布団が準備されている。尋ねると「そこはイエス様の席」と平然と答えられた。人はここまで聖書に忠実に生きられるだろうかと思うほど、夫妻の生活は真に聖書そのものを具現化していると言っても過言ではなく、橘さんが言ったように神様に出会わせてくれる人に違いなかった。陰日向なく誠実に生活する姿には誰しも感化される。

良雄は心から自分もこのような信仰を持って、このような人生を歩きたいと思った。いつも牧師のかばん持ちのように、その奉仕先について行き、語られる説教を熱心に聞き、メモに取った。いつも必ず語られる言葉に何かヒントがあるに違いないと、帰ってから何度も読み返した。

（良雄の説教メモ）

①イエス様と出会う

迷っていた。悲しんでいた。平安がなかった。喜びがなかった。生きる力がなかった。感謝がなかった。そんなあなたをイエス様はついに発見して下さった。罪のある現実のまま、受け入れて下さる。その時からイエス様がそばにいて下さる事がわかるようになる。心配しなくなる。明るくなる。そして何があってもイエス様にお任せできるようになる。

救いを得させる全能の力を持っているイエス様に出会って「神さま、感謝します」という信仰生活に切り替えがなされる。生き方を、生涯を、変えて下さる。現実においては、与えられた十字架を負っていく力を与えて下さる。

全能の神がいて起こった出来事ならば、私たちを不幸にする出来事ではない。事故に遭おうと、人にだまされようと、癌になろうと、死のうと、神の御心である、神の恵みであると、感謝して受け取ることができる。それは価値観の進歩ではない。イエスの全能の力が生まれながらの人間の価値観を変えて、困難に打ち勝ち、不幸をも喜び、どのようなことも感謝して受け取ることができるように変えられるのだ。どうかその全能のイエス様とお会いなさいますように。

②所有宣言と臨在信仰

恐れるな、わたしがあなたをあがなったのだ。

わたしはあなたの名を呼んだ。
あなたはわたしのもの
　イザヤ書　四三：一

これはイエス様の所有宣言です。私たちはイエス様の愛の中に入れられました。どれほど罪が大きくても許され、そして大事なことはそのイエス様はいつも共にいて下さり、あなたの中に天国が形成されると言うことです。物事をイエス様越しに見るようになると価値観が変わります。柔和になる。寛容になる、隣人の悲しみが分かるようになる。塩味の効いた愛に満ちた言葉を話せるようになる。自分の醜い、辛い、悲しい経験も、イエス様はみんな分かって下さっている。それが大きな慰めになって、いかなる時にも平安と喜びに満たされているようになる。

見よ、わたしは世の終わりまでいつもあなた方と共にいる。
マタイの福音書　二八：二〇

③体験が必要

信仰には体験が大切です。聖霊による興奮状態とかではなく、ふっと聖書に書いてあるイエス様の言葉が自分に語りかけて下さっていると分かる。神さまがわたしと共にいて下さっていると分かる体験です。その時から一切の不安や、暗さから解放される。これが意識の底に棲んでいるなら、挫折してもすぐに信仰が復元して、どんなにつらいことや悲しいことがあっても「神さま　感謝します。アーメン」と言えるようになります。キリストを発見して、生き方が変わる、人格の深い変化が始まる。これが回心です。何か大変なことが起きたら、すぐにガタガタと崩れるのではなく、人格的なイエス様がいつも共にいて下さるという臨在信仰を確立し、一対一という個人的関係を身につけて下さい。

金田牧師の口癖は、「主よ、感謝します。アーメン。を口癖にしましょう」だった。つらいことがあった、悲しいことがあった、心が乱れたとき、上を見上げて「主よ、感謝します。アーメン」と言える。これこそあのどっしりとした金田牧師の安定の源であった。

その日同伴したのは岡山県の離島、長島愛生園での奉仕だった。

長島愛生園は一九三〇年（昭和五年）日本で初めてハンセン病患者のために作られた国立療養所である。

まだその治療法が見つからなかった時代、ハンセン病の感染が確認されると、患者もその家族も地域の住民から恐れられ、村八分のような扱いを受けていた。患者は直ちに家族から引き離され、強制的に一人この島に隔離された。一九四八年頃から良い治療薬が見つかり、治る人も多く、若くて障害の少ない人は退所して行った。しかし、外見からそれとわかる後遺症の残った人は、退所後の偏見や差別を恐れてそのままここでの暮らしを続けていた。

二人が長島愛生園を訪れたのは一九六〇年代頃のことで、まだ岡山からの橋もかかっておらず、船で渡るほかない文字通り完全に隔離された島だった。

差別は患者の家族にまで及んだため、死後、遺骨になってさえ帰郷は許されず、島民によって建立された納骨堂に納められているという。

船から降りると金田は慣れた様子で館内へと入って行く。良雄も後に続いた。ここで二人は一晩を入所者と過ごすことになっていた。

金田はいつもの笑顔で入所者と親しく挨拶を交わす。食事も共にする。

ところが良雄にはどうしてもそれができなかった。そこへ一歩踏み入れた時から独特の強烈な匂いが、鼻といわず、喉といわず襲ってきて、どんなに我慢してもウッとこみ上げてくる。

食事の時間になると、匂いに加えてこれまで見たこともないような光景に圧倒された。ハンセン病の後遺症で指がなくなり、皿を両腕で抱えて食べる人、腕がなくて犬のように皿に口を持って行って食べる人、膿の出ている眼で自分の食べているものも見えずに食べる人、鼻のない人、顔が崩れていて泣いているのか笑っているのかわからない人、そんな人々を前に、どんなに努力しても食事は喉を通らなかった。やっとの思いで口にした飲み物さえも、食道を通過するとすぐに逆流して吐き出してしまう。良雄はそんな自分が情けなくて、入居者に申し訳なくて、悲しかった。

それに比べて金田は笑顔を絶やさず、入所者の声に耳を傾けながら普通に食事をしている。

「こうして先生のお話が聞けるなんて、本当にありがたいことですわ」

「以前は点字の聖書を舌で読んだものです。そうすると舌から血が出ましてね…。後になって唇で読むことを覚え、その時は感謝しました。それが今ではテープレコーダーのスイッチ一つで正確に読むことができて、聖書を読むのもずいぶん楽になりました。本当に感謝なことです」

一人の男性がここに来た時のことを良雄に話した。

「十六歳の時に家族と別れてここに来ました。母が毎夜、声を殺して泣いていたのが思い出されます。自分がこんな病気に感染したために、家族が周りの人々にどんな目で見られているか、考えただけで申し訳ないと思いました。あれ以来、家族と手紙では交流していますが、一度も会ったことはありません。今、家族に会ったとしても、私の顔は分からないでしょう。すでに両親は亡くなりましたが、葬儀にも出席できず、本当に親不孝者です。あなたが最後までご両親と暮らせたのは幸せです。うらやましいです」

良雄は返す言葉もなかった。

入所者の声は明るかったが、内容は壮絶で驚愕の連続だった。

「いやはや、ここの皆さんの熱心さには脱帽です。ここに来るといつもキリストは生きておられるということを再確信させられます。皆さんの力強い祈りには大きな励ましをいただきます。いろいろな苦しみに耐えて生きて来られた皆様からいつも多くを学ばされ、心から尊敬しています。そういうことが聖書にも書かれています。

忍耐が練られた品性を生み出し、練られた品性が希望を生み出すと知っているからです。

ローマ人への手紙　五：四

皆様方のお証詞を、涙を流して聞きました。また、病気のゆえに私たちの想像もできない差別と、偏見に耐えて来られました。引き裂かれた肉親の愛情、破壊された家庭の幸福、その不幸に耐えて来られました。そういう中でみなさんはキリストに出会い今は感謝を捧げています。耐えることを見失うことは感謝を失うことであり、尊い人間性の喪失に連なることであると思います」

金田は壇の上からそう言って説教を始めた。入所者と金田との間に通う言いしれない温かさと信頼関係は、さながら天の国を垣間見るようだった。

金田は何も言わなかったけれど、孤独だ、差別だ、辛い、死にたいと言っている自分に、こんな状況の中でさえ信仰に支えられ、感謝し、喜んで生きている人たちがいるのだ、という現実を目撃させたかったのかもしれない。彼らに比べて自分の孤独は、差別は、辛さは、どれほどのものだろうか。良雄は彼らに恥ずかしくて申し訳ないという思いにさいなまれていた。

いつも喜んでいなさい。絶えず祈りなさい。すべてのことについて感謝しなさい。
テサロニケ人への手紙　五：一六〜一八

金田がくれた聖書のことばを携えて東京へ戻る日が来た。来た時とは全く違った足取りだった。良雄の中には生きたキリストが臨在している。金田の教えを忘れないで歩いて行こう。愛生園の友と、次は金田と同じように仲良く交流できるようになろう。どんな時も「主よ、感謝します。アーメン」と言えるようになって来年もやってこよう。そう心に誓って金田夫妻と別れた。

東京に戻ってからもこの体験によって培われた信仰によって、良雄の不眠は少しずつなながら改善されていった。眠れない夜は金田の説教テープを子守歌のように聞きながら床についた。

また、実際に良雄は金田が天に召されるまで、毎年、幾度となく実家を訪ねるようにして四国を訪れ、愛生園をも訪れていた。良雄にとってここは神に出会ったところ、大きな励ましを受けたところ、生命を得た所だった。金田は霊の父、愛生園の人々は霊の兄弟姉妹となった。

五、結婚

四国から帰ってから良雄は兄正雄の始めた喫茶店で働き始めた。

正雄と良雄の組み合わせは商売には最高だった。正雄は「これは商売になる」というカンが抜群に働いて、何の商売を始めてもうまくいく。店でトラブルが発生すると業者やお客との交渉が苦手な正雄は「おい、良雄」と言ってバトンタッチする。良雄は心得ていて、穏やかに巧みに交渉する。大概のことはこれでうまくいった。東京に来たての頃、二人で銀座に出かけて商売をやっていた頃が思い出される。


兄の正雄は大人になっても良雄をよく理解して応援し、いつも助けてくれる存在だった。良雄もまた正雄を慕い、忠実に仕えた。

しかしアルコール依存と神経衰弱は相変わらず改善の兆しを見せることはなく、長く良雄を苦しめ続けた。

喫茶紫の前で。大戦後10数年が経ってアメ横も建物で埋まっていった。
焼け野原だった頃の面影はもう無い。(1960年頃)

喫茶紫のスタッフたちと。(1960年頃)

いつも不安で、何に怯えているのかわからずアルコールに手を出してしまう。酔うと手当たり次第に女遊びをする。これでは父と同じだ。同じ血が流れているのだから、どうしようもないのだと開き直る。そうなると医者の処方だけではなんとしても眠れず、あちらこちらから睡眠薬を買い求めて、いつも大きな木箱に入れて持ち歩くようになった。症状がひどくなると一瓶全部を飲んで、「これで明日は死んでいるだろう。死んで母のところへ行こう」と何度自殺をはかったか知れない。しかし、どういう訳か翌朝になるとパッチリ目覚めて、何事もなかったかのように新しい日が始まる。

いつまでも夜の女性達と遊んでばかりではいけないと、まじめに結婚を前提の交際を始めたこともあった。

ある時はクリスチャンの女性と結婚寸前までこぎつけた。彼女と一緒にいると心が満たされて希望が持てるような気がした。周りからも期待されたが、そろそろという時になって相手から分厚い別れの手紙をもらって終わってしまった。期待していた矢先のことで傷ついたけれど、正直なところ素人の女性は苦手だと思っていた。どう付き合えばいいのか分からず、ずっと継続して生活を共にする自信も持てなかった。正直なところ、彼女からの別れの手紙を受け取ったときは、心のどこかでほっとしていたかもしれない。

そんな時に再び教会から結婚の話が持ち上がった。

毎週青山から三河島教会までやってくる今田さんという婦人からの話で、大阪にいる彼女の母親から紹介してほしいと頼まれたらしい。一度会ってみてほしいと、写真と簡単な紹介状が手渡された。

三つ編みのお下げ髪がかわいらしい幼い顔の少女だった。

「短大生でね。まじめな家庭のとっても性格の良い、かわいい子なのよ」と肩をすくめて笑った。

良雄も二十八歳になっていたし、いつまでも兄の家に居座るわけにもいかない。あまり期待はできないと思う反面、会ってみようかなという気持ちもあった。

大阪西成の長谷川家では夕食の後が家族団らんの時間だった。

やさしくて誰からも愛される父先春と、働き者の母月伊、短大二年生の長女英子、ミスコリアで優勝、準優勝を勝ち取った美人姉妹の信子と仁子、弟の英磯と英泰、家族七人が揃うと、それはにぎやかで楽しい時間になる。夜も更けて子供たちが一人二人と床につき、

長谷川家家族写真。前列左の着物姿が英子。
後列左端が英泰（後のムラサキスポーツ二代目社長）。（1959-60年）

先春と英子の二人になると、父は言った。

「もうちょっとで卒業やな。卒業したらどうするんや」

「うーん。これまでは夢中で来たからな。これからが私の青春やわ。もう少し勉強もしたい思うてるねん」

「結婚のことは考えたことないんか」

「えーっ、そんなん考えたこともないわ。私、今は男の人に興味ないし。やりたいことはまだまだぎょうさんあるしな。結婚なんてずうっと先のことや」


それは唐突な話題で、短期大学二年生とはいえ、まだ少女気分の英子にとって、今考えるべき課題ではなかった。友人の中には男性とお付き合いをしている人もいたけれど、英子にはそんな相手もいなかったし、父がどうしてそんな話題を持ち出してきたのか理解に苦しんだ。

「実は東京にな、ええ人がおるらしいんや。わし、一ぺん行って会うてみよう思うてる」

どうやらそれはただの話ではなく、具体的な対象者がいることがわかった。

東京というのであれば、英子の家から数軒隣に住んでいる母方の祖母から出た話に違い

仲良し三人組。英子（中央）信子（左）。（1958-9年）

なかった。祖母には英子たちが「東京の文子おばちゃん」と呼ぶ娘がいて、しばしばそこを訪れていた。最近もそこへ行ったと話していた。

「おー、いやだ、やだ。そんな話、やめてほしいわ。結婚なんて先の、先の、先ぃの話や」

そう言いながら英子は父がどうやら本気らしいことに不安を覚えていた。

「それはいい人でしたよ。外見も立派やったし、人柄もなかなかよさそうやったわ。教会でもみんなに信頼されとるらしい。それにお仕事も安定しとるようやで。これほどのお相手はなかなか見つからないんちゃう。これを逃すのは惜しい思うわ」

義母は東京の教会で出会ったという良雄を英子の結婚相手にと熱心に奨めた。

英子の父先春は、義母が奨める英子の相手に会ってみたいと、東京青山に義妹文子を訪ねた。

「ええ、とってもいい方よ。ちょっと年上だけど。亡くなったご両親もちゃんとした方でしたよ」

文子も義母と同じように良雄をほめた。

先春は体が弱かったため激しい仕事ができず、日本語が堪能でない在日のために役所向け書類の作成を手伝ったり、二世の結婚の世話や、仲人をしたりしていて、人を見る目には自信があった。そんなこともあって長女の結婚相手はどうしても自分の目で確かめてから決めたいと思っていた。

文子から教わった良雄の住む家は東京大学に程近い文京区の西片町にあり、周りには立派な屋敷が軒を連ねていた。訪ねあてた正雄の家も先春をびっくりさせるほど広い敷地の立派な屋敷だった。

その時、良雄は仕事ができないほどのアルコール障害と神経症で、精神科に通院していた。睡眠薬を投与されても眠れず、精神状態は安定することがなく、十畳の部屋に布団を敷いて横になっていた。そういうときに先春が訪ねて来たのだった。

正雄と良雄は突然の訪問にも関わらず快く応じた。良雄の精神状態は相変わらず不安定で、通常なら会話するだけでいら立ち、態度に出るのだったが、この日は何者かに支配でもされているかのように二人とも穏やかで、長時間にわたって愉快な時間を持った。

先春は二人をすっかり気に入ってしまった。「これやったら大丈夫や。東京まで来た甲斐があった」と喜び、弾む心で帰路を急いだ。

大阪に戻った先春は早速妻と義母に報告をし、英子にも改めて話があった。

「見た目も立派やったし、上品で教養のあるええ人達やったで。ほんま意気投合してもうてな。英子にはもったいないくらいのお相手や。会うてみたらわかる。きっと気に入る」

父が乗り気になればなるほど英子の気持ちは沈んでいった。「まだ早い」と言えば、「この機会を逃せば折角の縁を逃してしまう。一生後悔する」と言うし、「年が違いすぎる」と言えば「このくらい違う方が頼りになっていい」と言う。何を言っても逃れられない。祖母も母も英子に激しくは迫らないまでも、結婚を望んでいるのに変わりはなかった。

昨日まではスポーツや音楽に夢中になって女学生らしい学園生活を楽しんでいた英子だったが、突然別世界に引き出されようとしている。心では激しく抵抗しながらも、これからお金のかかる妹や弟たちが控えていることもあり、これ以上両親に逆らうことはできないという気持ちもあった。卒業を目前にして英子は毎日憂鬱だった。

「英子、お見合いの日ぃ決めてもうたで。一緒に東京に行こか」

「えーっ、何でうちが東京に行くん。おかしいやん。普通男の方が女のところに来るんちゃう」

「どっちでもええがな。お相手は忙しいんや。こっちから行ったらええやん」

英子の卒業を待ちかねたように先春は見合いの日取りを決めてきた。英子が乗り気でないことは承知していても、結婚が決まれば娘は幸せになると確信していた。

英子の方は父の性急な取り組みにはついていけないと思っていた。いつも優しくて、英子の意見にはじっと耳を貸し、力を貸してくれる大好きな父が、ここまで結婚を熱心に奨めるのには何か理由でもあるのかと怪しむほどだった。

だれかに相談する時間もなく父に連れられて電車に乗った。生まれて初めて乗った電車特急こだま号はいかにもモダンで、優雅な乗り心地だった。それでもまだひかり号はない時代で、東京まではゆうに七時間はかかった。

先春は青山の叔母の家に着いても終始上機嫌で饒舌だった。

英子の方は翌日見合いかと思うと落ち着かなかった。おばの文子には自分は見合いも結婚も気が進まないのだと山のように訴えた。

「会ってみなければわからないでしょう。いやだったらその時に考えればいいじゃない」

「あのね、相手が嫌やとかいうんやないの。今はまだ結婚しとうないんや。わかってくれ

東京へ行く大好きな姉を見送る。特急列車のホームにて。(1959-60年)

へん」

「それはそうやね、英ちゃんまだ若いし、逃げ出したい気持ちも分かるよ。だけど相手にも連絡していることだし、ここまで来て中止にすることはできないでしょう。それは我儘《まま》というものよ。ここまで来たら、明日に備えて早く休んだ方がいいわよ」

文子には真剣に取り合ってもらえなかった。確かにここまで来て逃げるわけにはいかない。こうなったら父のすすめる相手がどんな人なのか「見極めてやろう」という気持ちで臨むしかないと覚悟を決めるほかなかった。

翌日は抜けるような青空で、まるでこの計画が大きな祝福を受けているかのようだった。良雄の家まではどういう経路でやって来たのかわからなかったが、ずっと続く桜並木が美しく、これから起こる出来事さえなければどんなに楽しいだろうかと思いながら父の後ろを歩いた。

金山家で英子を出迎えたのはびっくりするほどハンサムでビシッと決まったスーツ姿の男性と、体全体が浮腫《むく》み、少しお腹の出た暗い印象の中年男性だった。英子はこの美男子こそお見合い相手に違いないと思い「なるほど、ここまでの美男子なら父がほれ込むのも分かる」と内心納得していた。しかし、紹介されるとそちらは兄の正雄で、中年男性の方が見合い相手だと分かった。良雄はこの日もアルコール依存症の病状が悪く、ずっと無口で、少しむくんだ感じの頬が赤らんでいて、話の間中うつむき加減だった。

「御商売柄お酒やたばこをたしなまれる機会が多いのでしょうね」

と先春がたずねると。

「いえ、私はそのようなものはたしなみません」

良雄は迷うことなくきっぱりと答えた。もうアルコールはやめようと決断したばかりだったから、まんざら嘘というわけではなかった。

「そうですか。それは結構ですな」

先春は満足そうだった。英子もそれについては少し安心した。

途中から二人で散歩でもしてくるようにと勧められ、日比谷公園から浜離宮に向かって歩くことになった。春の陽ざしの中に、桜、チューリップ、アネモネ、色とりどりの花々があふれていて気持ちがいい。

「素敵な公園、お花がきれいですね」

英子は良雄の後を歩きながら思わず声に出した。それには応えず、良雄は水栓を見つけては水を飲んだ。水栓が見つからないとトイレに駆け込んで水を飲んだ。体の中のアルコールが水を求めて我慢ができなかったのだ。我慢できないのは水ばかりではなかった。ベンチに座るとたまりかねたようにポケットから煙草を取り出して喫い始めた。立て続けに三本を灰にするとようやく人心地がついた。「ついさっき酒もたばこもやらないと言ったばかりではないか」という顔で自分を見ている英子の視線が癇に障ってか、思わず言い放った。

「君、写真の顔とは全然違うね」

二人で歩き始めて良雄が最初に口にした言葉だった。それは威圧的で英子は体が凍り付いてしまった。彼にどんな写真が渡されているのか知らなかったが、これはどういう意味なのだろう。聞こうと思っても、とても聞ける雰囲気ではなかった。英子の目から見ると良雄は友達というより世代の違う大人で、ただ恐ろしいばかりだった。この言葉以来すっかり口が利けなくなり、黙って良雄の少し後ろを歩いた。心の中では「早く終わってほしい」とそればかり考えていた。

それには良雄も罪悪感を覚えたのか、しばらく歩いて池のほとりのベンチに腰かけると唐突に言った。

「僕は君を幸せにする。それには自信がある」

英子は驚いた。返事ができなかった。これはもしかするとプロポーズなのだろうか。この人は一体何を考えているのかわからない。理解に苦しみながらもこの言葉は少なからず英子を喜ばせた。

長くて重苦しい二人きりの時間が終わって、英子はすっかり疲れ切っていた。

青山に着くと先春と文子が「どうだったか」としきりに聞いた。英子は説明ができずに泣き出した。

「泣いていたんじゃ分からないでしょう。何があったの」

「何もあらへんかった。あの人はずっとあっちこっちで水ばっかり飲んどったわ。私に『君、写真の顔とは全然違うね』と言うた。ベンチに座ると煙草をぷかぷかふかしとって、そのあと『君を幸せにする』『自信がある』と言うた。うちは何も話がでけへんかった。それがすべてや」

「だけど、君を幸せにするって言ったのね」

「いやや。いややわ。あんな人と結婚なんかでけへん」

「ああ、ああ、わかった。わかった。あんたには向かない、むかない。あんたに結婚は無理だわ」

英子があまりに嫌がって泣くので文子はすっかり匙《さじ》を投げてしまった。しかし、先春は違っていた。「英子は子供過ぎてまだ何もわからんやろが、今にわかる時が来る」と思っていた。

大阪に帰るとすぐに良雄から手紙が届いた。

東京まで来てくれたお礼に加えて、あなたがとても素敵な女性でうれしかった。あなたのように美しくて慎み深い女性に会ったのは生まれて初めてだ。自分はすっかり一目ぼれしてしまった。できればすぐにも結婚してほしいというような内容の、いわばラブレターだった。文章も文字も立派で非の打ちどころがなかった。

この手紙は憂鬱な気持ちで泣き暮らしていた英子を大いに戸惑わせた。良雄の気持ちは英子の印象とは正反対で、これまでの自分の見方が間違っていたと認めざるを得なかった。父の言う通り、特定の男性と交際したこともなかったし、男性を見る目がないと言えるのかもしれない。それに対して父の「見る目」には脱帽だった。

女心は複雑で、これを境に英子の気持ちは俄《にわ》かに華やいできた。良雄からの手紙はその後も頻繁に届き、英子からも何度か返事の手紙を送っていた。

先春と良雄との間ではあわただしく結婚の話が進められ、わずか二ヶ月後の六月に挙式と決まった。

不動産関連の仕事をしていた良雄の上の兄奉祚が結婚後に住む二人の家を見つけてきた。その家の大家宅でも丁度娘さんが結婚したばかりらしく、その時に使ったウエディングドレスを譲り受けたからと長谷川家にドレスが届けられた。


早速試着してみると、真っ白なドレスは胸のあたりがチュールでできていて、キュッとしまったウエストからふんわりと膨らんだスカートが床まで広がって美しいシルエットを描いている。サイズも誂《あつら》えたようにぴったりで、鏡の前でくるりと回ってみると後ろ姿も優雅で美しい。

「わぁ、きれいやなあ。姉ちゃんお嫁さんの時、これ着るん」

妹達は羨望《せんぼう》のまなざしを向けた。英子も自然に胸がときめいて、喜びがあふれ出るようだった。

「あとベールと帽子が必要やな」

母の指導で材料を買ってきて、英子が作ることにした。母のミシンを踏んで小さな帽子に長いベールと白い花をつけた。このミシンを使うのもこれが最後になるかもしれない。

複雑な気持ちをよそに、結婚へ向けた準備が着々と進む。(1960年)

この家を出て行けば、こんな風に父や母、妹や弟たちと一緒に戯れることもできなくなってしまう。残された時間を大切に使わなければいけないと思った。

その日はすぐにやって来た。式場は大阪の東天紅に決まった。在日のために尽くした先春の長女の結婚とあって、式への参加を希望する人は後を絶たず、ついに七〇〇人を超えて、とても会場に入り切れない数になった。金山家からは奉姫姉さん、奉祚兄さん、正雄兄さんの家族等が参加した。

英子は東京からやって来た良雄を得意気に妹や弟たちに紹介した。体調が回復していたのかあの時のむくみは消えて、端正な顔立ちと大柄で引き締まった体躯に上等なスーツがよく似合っていた。

「良雄兄さんて、かっこええな」

「そうやろ。彼、柔道やってはったからな。ほら、ここ、ぎゅうっとしてみ」

英子が良雄の首を両手で絞める真似をして見せると、弟の英泰が言われたように腰をかがめた良雄の首に手をまわした。鍛えられた太い首はその手をはじき返すように逞しく、びくともしない。

大阪を訪れていた良雄と。運動会の応援。（1960年）

「ほらな、すごいやろ」

見合いから帰ってきた時はあれほど落胆していたのに、今日の英子はだれの目にも楽しげで幸せそうだった。

結婚式が始まって、新郎新婦が入場すると、当時としてはめずらしい花嫁のウエディングドレス姿がひときわ目を引き、会場からは感嘆の声と拍手があふれた。純白の衣装に身を包んだ新婦の美しさと、だれからもかっこいいと言われた新郎は紛れもない美男美女で、似合いのカップルだった。

「英ちゃんおめでとう。幸せになってな」

招待客が次々と花嫁のもとにやって来て一言ずつの祝辞をささやいていく。英子は結婚したという実感と幸福感をかみしめていた。

結婚式の後、両親に別れを告げて新婚旅行の列車に乗った。二人きりになって向かい合わせの席に座ると列車は静かに動き出した。

「今日はちょっと疲れたでしょう」

荷物を棚に上げながら英子に話しかけた。良雄は終始優しかったが、席に落ち着いたとたんに煙草を取り出して火をつけた。窓の外を見ながら大きく吸い込んでフーっと煙を吐く。そしてまた吸ってフーっと吐く。そこには誰も寄せ付けないような雰囲気があって、英子は突然孤立させられた。周囲にはたばこの煙が充満して、英子の脳裏には日比谷公園の記憶がよみがえった。

長谷川の家を離れて見ず知らずの地へと旅立っている。今や良雄がたった一つのよりどころなのだから、口に出しては言えないその気持ちを察してほしいという思いでいっぱいだった。

目指した南紀白浜温泉は思いのほか近くてすぐに着いた。

その名の通り美しい弧を描いた青い海とキラキラ輝く白い砂浜が長く続くロマンティックで新婚旅行にはぴったりの場所だった。

宿に着くとすぐに温泉に向かった。その入り口の前には卓球台があって、二人は目を輝かせた。

何よりスポーツ好きな二人は、どちらからともなく台の前に立ち、夢中になって戦った。英子の新婚旅行の思い出の中で最も楽しい時間だった。

食事の後、床がとられた部屋で、良雄は大きなカステラの空き箱を取り出した。その木箱の中身はびっしり詰め込まれた薬だった。

「アルコール依存症の治療を受けていてね、医者の処方した薬だけでは眠れないんだ。それで、あれこれ調達してるんだよ」

良雄は蓋を開けて見せながら話した。「アルコール依存症」と平然と説明された衝撃の事実、酒もたばこもやらないと言っていたのに、この人は知れば知るほど分からなくなる。それにしてもこの薬の量は尋常ではない。「新婚旅行にこんなものを持って来て見せるなんて」英子の驚きと不安の初体験だった。

「やっぱり眠れないからちょっと外を歩いてくる。君は先に休んでいてくれて構わないから」

そう言い残して良雄は部屋を出た。

すぐに戻ってくるかと待ったが、一時間たっても二時間たっても戻ってこない。最初のうちは新婚初夜に花嫁一人を残して花婿が出て行くなんて話は聞いたことがないと憤慨してみたり、こんな調子でこの先どうなるのかと不安になったりしたが、いつまでたっても帰ってこないので何かあったのではないかと心配になり、しまいには泣き出したくなっていた。

朝方近くになって静かにふすまが開いて良雄が入ってきた。部屋中に酒の匂いが充満して気持ちが悪くなるほどだった。

「どこに行ってはったん」

「ああ、おきてたの。先に休んでくれればよかったのに。今、宿の女将に怒られて来たんだ。新婚の男が何をやっているんだって」

「怒られて当然でしょう」「先に寝ろと言われたって眠れる訳がないじゃないか」「こんな朝方まで一体どこで何をしてたんだ」爆発するほど言いたいことが胸にたまっていた。しかし、全く悪びれる風もなく笑って話す良雄に英子は拍子抜けした。英子の父先春は、酒もたばこもたしなまなかったし、献身的に仕える母に心配をかけるような遊びもしない人だった。英子には良雄の行動がまるで理解できなかった。これが二回目の驚きと不安の体験だった。

東京での新婚生活は文京区千駄木の団子坂近くにある小さな一軒家の二階から始まった。良雄は正雄が経営する上野界隈では名の通った喫茶店のマネージャーとして働いていて、毎日都電で通勤していた。母の死以来、苦しい寂しい生活だったけれど、新しく家族になった英子と二人で朝を迎え、見送られて出かける。それは夢のように華やかで、心ときめく幸せな朝だった。英子の事は心から愛し、責任も感じていた。

新居は階段を上がるとすぐ三畳、その奥に六畳の和室があり、窓の外には小さな物干し場があった。台所やトイレは一階にあり、大家さんと共用である。

様子を見に来た青山の文子おばさんに「新婚の所帯がたったこれだけ」と言われたと良雄は気を悪くしていたが、二人だけの所帯ではそれで充分だった。三畳は英子の部屋で、母月伊が作ってくれた布団を敷いて寝た。良雄は同じ部屋では眠れないからと、六畳の部屋にダブルベッドを入れてそこで寝た。夜遅く帰ってくると、酒のにおいをさせながら英子の布団をまたいで奥の六畳へ入っていく。

大家のおばちゃんはちゃきちゃきの江戸っ子で、気のいい働き者だった。毎日声をかけてくる。

「台所を使ったらきれいに拭いといてよ。階段はほこりがたまりやすいから毎日忘れず掃いてね」

これが口癖だった。毎朝同じ時間に洗濯物を抱えて二階に上がって来て、三畳と六畳の部屋を通り抜け、共用の物干し場に干し始める。

最初のうちこそ抵抗があったが、慣れればこれはこれで楽しい。良雄が仕事に出かけると、たった一人になってしまう。そんな時に大家のおばちゃんが「ねえ、ねえ、ちょっとあんた」なんて声をかけて入ってくるのも悪くないと思えてくる。

そう遠くないところには正雄の家があって、小学校六年生と五年生の女の子、四年生の男の子が、お手伝いさんと一緒に暮らしている。正雄は飲食業で夜遅くなるので昼間は大概寝ていた。それで英子はたまに子供達の様子を見に行く。

東映のオーディションに受かったという正雄は、和製アランドロンと称されたというだけあって大変な美顔だったが、子供たちもまたちょっとおしゃまながら、どの子もかわいらしくて美顔だった。しばらく一緒に遊んで帰ると、夕方になって「英ちゃん、来てくれたんだって。ありがとね」と正雄から電話が入る。

昼間はこんな風に平和で、優しかったが、アルコールが入ると兄弟そろってすっかり人格が変わってしまう。

夜遅く、女性に送られて帰って来た良雄に文句でも言おうものなら大声で罵倒される。

「お前みたいな女を女房にして一生の不作だ」「だまれ、うるさい。バカヤロー」

それでも物足りないときは殴られる。柔道をやっていた腕で思いっきり殴られると痛くて、悔しくて、涙が出てくる。

正雄も良雄と変わらなかった。子供たちの母親はそれで出て行ったらしく、酒に酔うと深夜に電話がかかってくる。

「良雄、寂しいよ。さびしいんだよ」

二人の昼間と夜のスイッチにはなかなか馴染めず、英子はその度に苦悩した。

六、初めて踏んだアメリカの大地

一週間の初めの日、日曜の朝は三河島の教会からスタートする。これは金山家の掟のようなものだった。また英子の一番楽しみな時間でもある。

朝から鼻歌を歌って身支度をする。精いっぱいのおしゃれをして、良雄と仲良く腕を組んで歩く。

教会には方々から同郷の人々が集まって礼拝を守り、そのあとは食事をしたり、おしゃべりをしたりする。最近参加し始めたばかりの英子にもみんなが親戚のように親しく語りかけて来る。もちろん青山の文子おばさんにも会える。

日曜日は良雄も英子も機嫌がいい。みんなから「いつも仲良しの素敵なカップルね」と声をかけられる。そう言われると少し心苦しい。教会ではいつもにこにこしているけれど、最近の英子は暗い顔をしていることの方が多いかもしれない。それに二人は、いつも仲良しという訳ではなかった。

朝出かけるときは「行ってくるよ」と言って、チュッとキッスをして階段を下りた良雄を、二階の窓から英子が手を振って見送る。良雄が振り返って手を挙げてそれに応え、足早に出かける。

ここまではどこにでもある新婚家庭なのだが、夜になると別のスイッチが入ってしまう。仕事柄定時に帰宅という訳にいかないのは仕方ないが、規則正しく帰ってこないと英子は何かあったのではないかと気が気ではない。やっと帰ってくると「おかえりなさい」と出迎えるのだが、どういう訳か大きな声が出せず、はにかみながらささやくような声になってしまう。それが良雄には届かず「お前は夫が帰って来たというのにおかえりも言えないのか」と怒鳴られて互いに不機嫌になる。こうした会話の後、二人は無言で気まずい食事をする。そして良雄が再び外へ出る。そうすればいつものパターンで、日付が変ったころ酔っぱらって帰ってくる。ある時は夜の仕事の女性と一緒に帰って来て、二人で飲み始めたりすることもある。英子がこれを気持ちよく受け入れられるわけもなく、再び不機嫌になる。

こんなことが続いて、英子はこの結婚生活をこのまま継続できるだろうかと思い悩んでいた。教会の牧師に話を聞いてもらおうかと思ったこともあったが、こんなことが他の人の耳に入ったら大変なことになってしまうと思うと相談もできず、鬱々《うつうつ》と毎日を過ごしていた。

ある日のこと、英子の所に白いチマチョゴリを着た小柄な老婦人が現れた。

「あら、お義母さん。どうしたんですか」

それは良雄の母、應蓮だった。英子は義母に一度も会ったことがなかったけれど、写真で見たそのままの姿だったのですぐに分かった。

「あなたこそ、そんな顔してどうしたの」

「うーん。私たちもうだめかもしれないです。もう終わりにしようかと思っているんです」

と言うと、應蓮は悲しい顔をして
「チャムラ（我慢しなさい）、チャムラ」

と二言だけ言って消えた。夢を見ていたのだった。「忍耐」これはイエス様の言葉だと思った。また、義母は我々夫婦のことを心配しているのだと思った。

このままこの人と結婚生活を続けていけるだろうかという不安はいつもぬぐい切れないでいた。しかし、イエス様の前で結婚の誓いをしたことをもう一度思い起こして心から悔い改めた。

　イエス様と義母の心だからと、それからは殴られても、夜遅く水商売の女性と帰ってきても、痛くても、悔しくても、じっと我慢した。

　結婚について思い悩んでいたのは、良雄も同じだった。見合いの時は、英子の天使のようにけがれのない美しい笑顔にすっかり一目ぼれした。公園を散歩した時は、いつも一歩下がってついて来た。良雄にはこういう女性は初めてだった。

　あの時は、その控えめな女性らしさと健康的な若さにすっかり心を奪われてしまった。水商売の女性とは違う別世界の人間のようだと新鮮に感じた。

　英子との結婚生活は両親を失った良雄の深い悲しみを慰め、新しい希望が与えられた。日常に幸福感が戻って、死にたいという思いからすっかり解放された。しかし、ひとたび歯車が狂うと、彼女にどのように寄り添えばいいのかわからず、素人女性の要求は面倒で、うるさくて、付き合いきれない。水商売の女性と違って気が利かない。愛想がない。この結婚の選択は間違っていたのではないだろうか。そんな思いにとらわれてしまうのだった。

　大家のおばさんが「あんたとあの子では世界が違いすぎるからね。あの子はかたい家の子で、水商売の家庭に慣れるのは大変だろうよ」と言われたことがあり、それが妙に心に残っていた。

一方で金田牧師の「すべてのことに感謝して、怒っちゃだめだよ。どんな人も許しなさい」という言葉が頭をよぎった。あの時は「そうだ、これを心にとめて実行しよう」と決心したのに、自分はこんなこと一つも日常生活で実行することが出来ないのかとため息が出た。

ちょうどその頃、一九六四年のオリンピック開催地が東京に決まり、柔道が正式種目に初採用された。それと同時にアメリカの大学では柔道の指導者を募集しているという情報を耳にした。

講道館柔道三段の資格を持つ良雄はこれを用いて何としてもアメリカに行きたいと思った。これは英子と距離を置いて考える良い機会になると考えたのだった。

まだ人種差別の激しい時代で、通常では有色人種の米国留学は困難と知った良雄は、教会のハロルド・スミス宣教師に相談した。宣教師は結婚間もない英子夫人を残して渡米するのに抵抗を示し、彼女の承諾を条件に留学の相談に乗ろうと約束してくれた。

良雄は家に帰るとすぐに英子に話した。

「アメリカに留学するのは私の昔からの夢なんだ。宣教師の紹介で柔道の指導者として行けることになった」

「えぇっ、アメリカ。そんな、突然。一体いつから、どのくらいの期間ですか」

「手続きが終って許可が出ればすぐだ。どのくらいの期間かなんて行ってみなければわからない。せいぜい一年くらいのものだ」

良雄の中ではすでに行くと決めていて、それは相談ではなく報告だった。英子は途方もない話に戸惑ってはいたが、頭を冷やして考えるには自分にとっても好都合なのかもしれないとも思った。

良雄は何事も思いついたらすぐ、何が何でも実行する性分で、その日からあわただしく留学準備が始まった。

準備と言っても、周りに留学経験者がいるわけもなく、どのような手続きが必要か等だれに聞くこともできず、とにかく大使館に行って留学のための試験を受けることにした。申し込みから始め、英会話、筆記のテスト、渡航目的等の質問に答え、これらに合格してようやく許可が下りた。ビザを取りに出かけたり、書類を受け取りに出かけたり、とにかく日本から離れたい一心で何もかも自分一人で整えた。

ハロルド・スミス宣教師に紹介された留学先のミリガン大学（Milligan College in

アメリカ行きの客船プレジデント・クリーブランド号の前で。（1961年12月）

Tennessee U.S.A）へは十二月に出発が決まった。

英子は、正雄と一緒に横浜大桟橋から良雄を見送った。

これに乗るのだと指差されたプレジデント・クリーブランド号は、全長百八十五メートル、全幅二十三メートル、定員五百七十九人余りというとてつもなく大きな豪華客船だった。白いスマートな船体に二本の黒い大きな煙突があって、その中央の幅広い赤い帯には大きな鳥のマークが白抜きで描かれている。何から何までおしゃれで、夫はこれに乗ってアメリカに渡るのかと想像すると気が遠くなりそうだった。

プレジデント・クリーブランド号は大桟橋を出港するとゆったりと二、三週間かけてアメリカを目指す。

船の上では連日新しい催し物があり、乗客を飽きさせない。食事も飲み物も豊かで例外なく美味だった。ビリヤードや卓球台も備えてあって、乗客は国別にチームを組んで対戦したり、個人で対戦したり、思いおもいに楽しむ。海の上では完全にこれまでの世界から切り離され、肩の力が緩む。良雄は日本から解放された喜びを満喫していた。

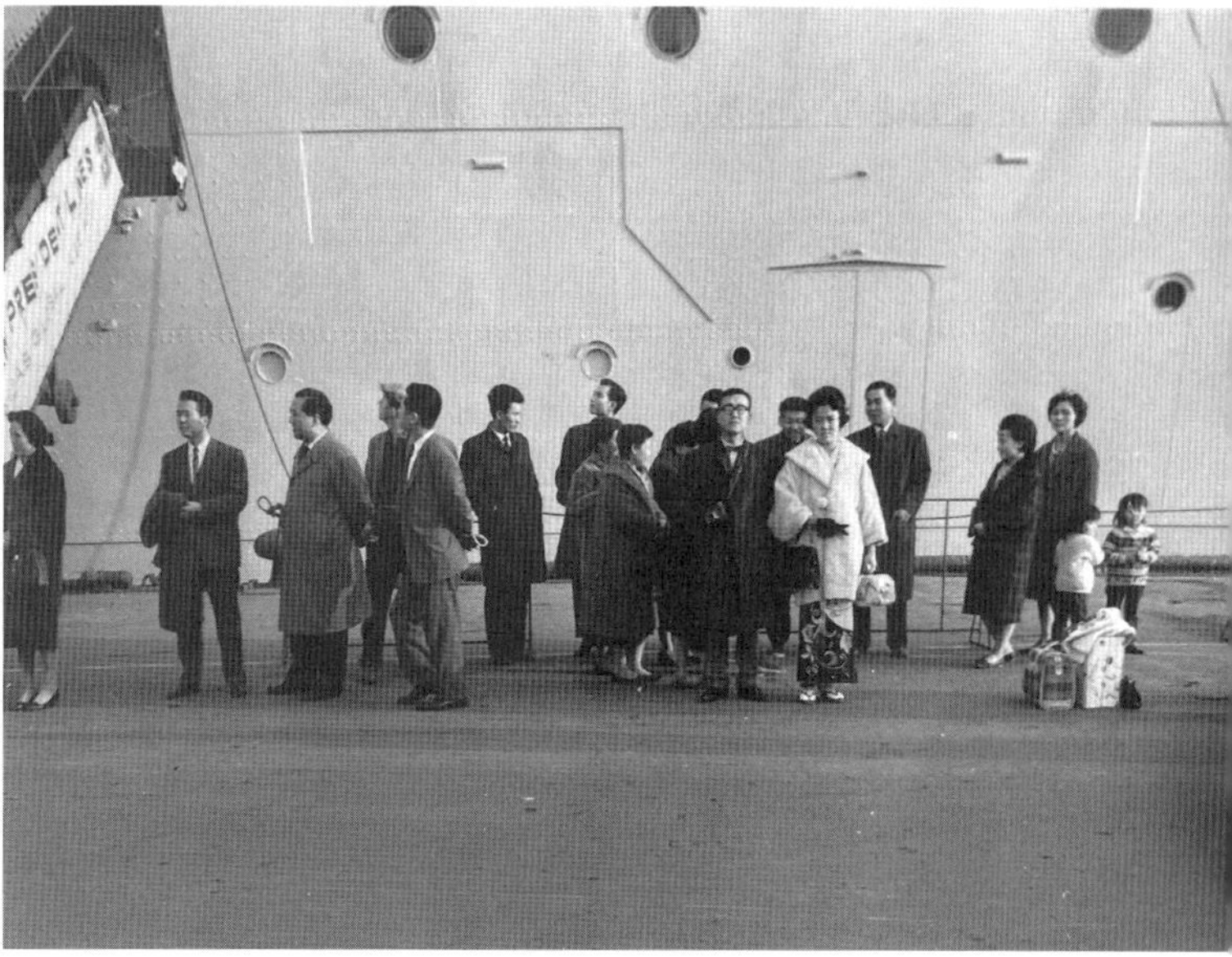

間も無く出航。見送りも大勢に。(1961年12月)

良雄はすでに船の上。港に残された不安げな英子。(写真後方、中央左)(1961年12月)

出航。港から見送る着物姿の新妻英子。その手にしっかりと握られたテープ。(1961年12月)

英子の握るテープの先には良雄が。下から見上げると、客船の側壁は城壁の様に眼前に立ちはだかって見える。写真中央に見える眼鏡姿が良雄。(1961年12月)

国際色豊かな乗客。食事は洋食だ。（1961年12月）

船上では様々なアクティビティーが楽しめる。（1961年12月）

日本から離れるにつれ、客船は自由の空気に包まれていった。（1961年12月）

船は横浜から九日ほどでハワイに到着し、荷物検査のために二、三日停泊する。その間、乗客は下船して自由に観光に出かけた。ここでは当然ながらどの車も皆外車で、良雄も気に入った車を選んでドライブを楽しんだ。

ハワイを出港して、更に五日ほどかけてサンフランシスコに着いた。踏みしめる大地が懐かしい気がするほど長い旅であった。

大きな伸びをして、目で待ち合わせた友人を探した。しかしどういう訳か見当たらない。しばらく待ってみたがやってくる気配は全くない。つい少し前までの解放感と浮かれた思いは打ち砕かれて、この見知らぬ土地に自分一人でこれからどうすればいいのか途方にくれてしまった。

とにかくホテルを確保しなければとタクシーに乗った。案内されたのはストラトフォートホテルだった。海を見下ろす坂の途中にある見晴らしの良い瀟洒《しょうしゃ》なホテルだったが、この先のことを考えると気が動転して、とても景色を味わう余裕はなかった。

部屋のドアを閉めると真っ暗な異次元世界に放り込まれたようで、思考すら何者かに制御されているかのようだ。自分が何者で何をしようとしているのかもわからなくなってくる。

これではいけないと外へ出た。外はすでに薄暗くなっていて、ふと目を上げると向こうからアジア系の男性が歩いてくるのが見えた。思わず話しかけてみた。日本人だった。こんな素敵な偶然があるだろうか。亡き母が言っていたように「神様がいつも一緒にいてくださる。天使を送ってくださる」と思えて本当にうれしかった。彼はとても親切で、彼の案内で食事に出かけた。彼に出会えなかったら、不安を抱えて一人食事をして、もしかするとノイローゼにでもなっていたかもしれない。彼には心から感謝した。彼のおかげで待ち合わせをしていた友人とも連絡が取れて、サンフランシスコではなく次の寄港地ロスアンゼルスで待っていてくれたことが分かった。

翌日になってバスでロスアンゼルスに向かった。同じカリフォルニア州とはいえ六百キロもの道のりで、アメリカの広大さを実感させられる。

十時間近くかけてようやく友人と会うことができ、ここで一泊した後、再びミリガンカレッジを目指してバスに乗った。

ミリガンカレッジがあるのはテネシー州で、距離にして三千キロ、西海岸から東海岸の方に向かって横断する。ガソリンスタンドもサービスエリアもない道を延々と進むのだ。

ミリガンカレッジは大自然の残るテネシー州はジョンソンシティーの丘の上にある。
1881年創立の名門クリスチャンカレッジだ。(1961年12月)

ミリガンカレッジは何もない山の中にあり、学生たちは寄宿舎で生活していた。あまりよくわからない英語での授業も、女子学生達が親切で、ノートを貸してくれたり、試験の時はコピーさせてくれたりして助けられた。途中途中にあるテストも日本のように教室で試験官に見張られながら受けるのではなく、図書館でも、外でも、どこでも好きなところで受けることができた。それでわからないところは彼女たちの答案を見て写し書きすることもできたのだった。

カレッジでの楽しみは、何といっても柔道クラブだった。

良雄が入学してすぐに柔道クラブが結成され、部員を募集した。

良雄が指導員で、部員の学生たちを指導するのだ。募集が始るとすぐに大変な人気となり、人数制限が必要になるほどだった。学生たちは柔道だけではなく柔道着にもあこがれて、良雄と同じものを身につけて練習したいと言いだした。

そこで良雄は兄の正雄に頼んで日本から大量の柔道着を送ってもらった。

ミリガンカレッジの学生たちは裕福な家庭の子供が多く、惜しげもなく高額な代金を払って競うように柔道着を手に入れた。良雄がこの販売だけでも相当な収入を得たのは言

良雄の社交性が国境を超えて行く。(1962年)

柔道クラブの面々。あっという間に生徒が集まり柔道クラブが立ち上げられた。(1962年)

うまでもない。

英子からの手紙で、彼女が大阪の実家に戻って生活している様子や、おなかには子供がいて五月に出産予定であることが知らされてきた。

あれだけ嫌になって、離れたくて、夢中で飛び出して来た日本だというのに、いざ離れてみると日本も、妻も、しがらみも、すべてが懐かしくて、ありがたく思えてくる。妻には申し訳のないことをした。出産の準備にもお金がかかることだろう。そんな気持ちで手紙にこの時の収益を入れて送った。

大学では毎日柔道ができる。それは何よりの楽しみだった。学生たちが日ごとに力をつけていくのを見たり、指導したりできるのも大きな喜びだった。柔道をやっているから学生達とも格別に親しく交流することができた。

どこの国でもそうだけれど、アメリカの若者は格別陽気でいたずら好きだ。やってるうちに度を超して、冗談では済まされなくなることもある。

ミリガンカレッジのまわりには何もないが、とにかく蛇が多くて、それもマムシのような毒蛇が沢山いた。それが夜寝ようとするとベッドの中から現れる。思わずぎゃーっと声を上げる。誰かが入れたのだ。いたずらも更にエスカレートして、火遊びをしていて建物を焼いてしまった強者もいた。さすがにこれは退学に処されてしまった。

当時のアメリカには人種差別がはっきりと残っていて、どこに行っても白人と黒人の線引きがある。トイレはもちろんバスさえも、勝手に侵入することは許されない。テネシーには黒人の姿はほとんど見かけられず白人ばかりのようだったが、良雄は必ず食事の時には自分はどこに座れば良いのか聞くようにしていた。彼らは決まって「君はどこに座ってもいいんだよ」と言ってくれた。それは内心うれしかったが、それでも良雄は黒人の席の方に座るように心掛けていた。

週末になると、学生達は実家に戻ったり遊びに出かけたりして、寄宿舎は廃墟のようになってしまう。

ミリガンカレッジのあるところは田舎で、学舎の他は何もないところだったので、良雄は一人で色々なところに出かけた。道路に立って親指を上げる（ヒッチハイク）と珍しさからかよく停まってくれた。郊外やダウンタウン、時には遠いところまで見て回った。

夜はやっぱり大好きな酒を求めてよくダウンタウンの方へ出かけた。酒場には決まって同性愛の連中がいて、親しげに寄ってくる。彼らは親切で、あの店この場所と案内し、人種差別もなく、よく面倒をみてくれるのだった。

半年もすると柔道クラブの連中の道着姿も板につき、ひとかどの柔道家のように見えてきた。

この頃になって、地元新聞社がインタビューにやって来た。

白人ばかりのテネシー州にアジア人の、それも日本からやって来た柔道家という内容で、非常に珍しがられた。取材は一箇所だけではなく、取材に次ぐ取材で、ついには地元のテレビ局までやって来て、良雄はすっかり有名人になってしまった。それを見た病院にいる子供達から訪問依頼が来た。

病院を尋ねると子供達は大喜びだった。日本人についても、柔道についても興味津々で、思いもよらない質問が寄せられる。

「日本では靴を履くの」とか、「何を食べるの」とか。柔道の技を見せると歓声が上がる。ここまで喜ばれると良雄までうれしくなる。

最後は子供達一人ひとりとハンドシェイク（握手）でお別れをする。「ありがとう。元気でね」握った手に何か入っている。開いてみるとそれは折りたたまれた十ドル札だった。ハンドシェイクの度に十ドル札が握らされるのだった。当時は一ドルが三百六十円の時代で、日本人の給料が一万円足らずの頃だったので良雄にはびっくりするほどの大金だった。

良雄の乗った船が桟橋から離れた後、英子は一人東京に戻ると、何もすることがなくなってしまった。毎日喜んだり悲しんだり、振り回され続けた日々からすっかり解放された。安堵と虚無から何をする気にもなれなかった。実はその原因は妊娠だということが判明した。それで住まいは引き払って大阪の実家へ帰ることにした。

うつ病に近い状態にあった英子にとって、大阪は絶好の癒しの場所だった。父や母がいて、妹や弟達がいて、お金はなかったけれど、何の気づかいもなく、安心して暮らすことができた。家事を手伝いながら、合間にお菓子工場のチョコレートを包装紙でくるむ内職を始めた。一個一円というわずかな賃金だったが毎日が楽しかった。


良雄は存外筆まめで、英子のもとへは毎週手紙が送られてきた。

「ミリガンカレッジは山奥にあって、周りには川があるほか何もない。学友は皆親切で、言葉で困るようなこともなく暮らしている。週末になると寄宿舎の連中はみんな家に帰って自分一人になる。そういう時、本当に君にそばにいてほしいと思いながら手紙を書いている」とか、「柔道指導のアルバイトはとても楽しくて、いい収入になる。日本では知ら

大阪へ帰り、良雄の帰りを待つ英子。この時すでにお腹には赤ちゃんが。（1962年）

れていないけれど、アメリカでの柔道人気は大変なもので、彼らは柔道クラブに所属しているのを誇りに思っているようだ。みんな練習するのにも柔道着を欲しがっているが、こちらで柔道着を購入するのはとても困難なことがわかった。そこで兄に頼んで大量の柔道着を送ってもらって販売をした。それは飛ぶように売れた。柔道着を着て練習すると、まるで柔道家にでもなったかのような気持ちになる、と部員のみんなから喜ばれた。これは思いがけない売り上げがあり、大きな利益が出た」といった内容で、出産準備にとお金が送られてきた。アメリカでも良雄は商機を逃さずたくましく商売をしているのだと頬をゆるめながら読んだ。それにしてもお金を送ってくれるという気持ちが嬉しかった。

またある時は「ミリガンの夏は蒸し暑くてしのぎにくい。週末になると学生たちは皆家庭に戻って寄宿舎からはだれもいなくなってしまう。いつものように一人残された私は木漏れ陽の下のデッキで昼寝をしていた。時々山から吹いてくる風が心地いいのだ。うとうとしていると突然ウウゥ、ガルゥ、ガルルルウという激しい大型犬のうなり声で目が覚めた。ここには蛇がいるばかりで犬や猫は一匹もいない筈と思いながら寝ぼけまなこであたりを見渡した。

そこには蛇を咥えた犬が、ウウゥ、ガルゥ、ガルルルウとうなり声を上げながら首を大きく振り回していた。驚いて立ち上がると、もう犬の姿はなく、大きな噛み傷のある毒蛇が死んでいた。危ないところだった。これは天使が守ってくれたのだと思った。あの奈良の疎開先で戦闘機から守られた体験に続く不思議な体験だった」というのもあった。

彼からの手紙は東京にいた頃よりずっと優しくて、届くたびに英子の気持ちを明るく幸せにさせた。最近では毎日郵便受けをのぞいて、アメリカからの手紙が届くと上機嫌で、ご機嫌サインの鼻歌を歌いながら洗濯物を干したり、内職に励んだりしていた。夜になるとそれを家族にも読んで聞かせて、その幸せそうな姿に家族も安心していた。

良雄に妊娠の報告をするとすぐに喜びの手紙が届いた。

「絶対に男の子を産め。男の子を六人産んでほしい」と言ってきた。それもまた英子を幸せな気持ちにさせた。人はこんなにも簡単に過去の苦難の時間を忘れられるものかと思うほど、あの呪われた時間をすっかり忘れ去っていた。

五月には長男が誕生した。

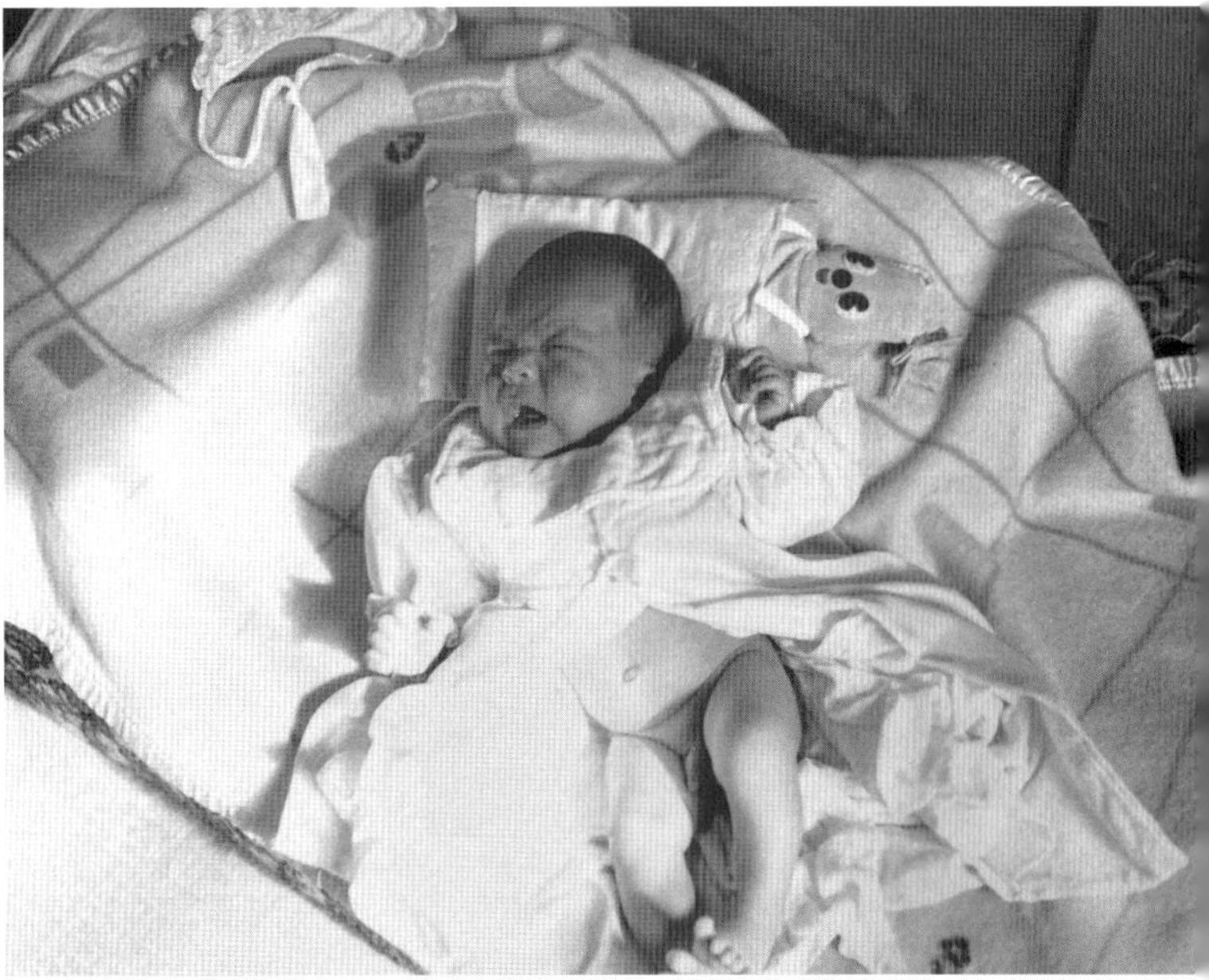

第一子は、それはもう元気な男の子だった。元一誕生。（1962年5月）

男の子が生まれたと聞いた良雄からはすぐに「でかした。よくやった。その子の名前は元一にしよう」という手紙が送られてきた。

英子の祖父の名前が「はじめ」だからそれに良雄の座右の銘となった瀬尾先生の「置かれた場所の第一人者たれ」の言葉から一を取って元一に決めたと書かれてあった。みんなよい名前だと言ってその場で長男の名前は元一に決まった。

長男の元一は赤ん坊とは思えないほど目鼻立ちのはっきりした東洋人離れをした顔の子供だった。

「もっちゃん、もっちゃんはほんま男前やなぁ。ほおら、おじいちゃんやで。わかるか」

先春も月伊も初孫の元一を「もっちゃん、もっちゃん」と呼んで、奪い合うようにかわいがった。

一方、良雄は柔道では名前が知られるようになっていて、いくつかの大学からオファーが入っていた。その中の一つは年間五千ドルで柔道の講師をして欲しいというものだった。つまり日本円で年間百八十万円、月に直すと約十五万円の収入が得られる計算になる。当時日本の月給が一万円程度だとすると、十五倍の収入になる。これなら家族を呼んでもこ

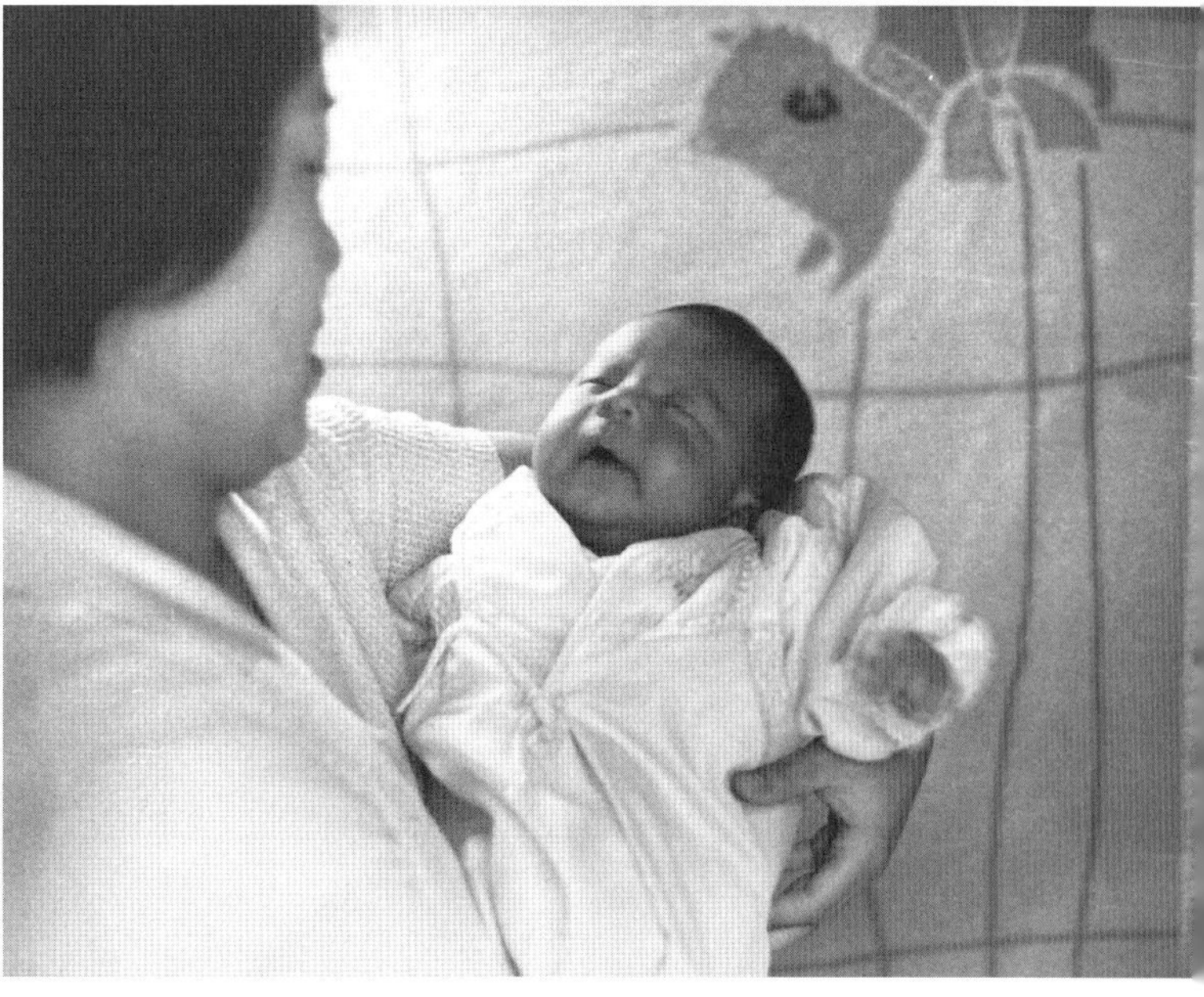

母英子と長男元一。初めて抱く我が子の存在は夫の不在から来る寂しさや不安を忘れさせてくれた。（1962年5月）

の国でやっていけると考えた。

良雄は、アメリカの自由な空気と気さくな人々との交流がすっかり気に入っていた。このまま日本に戻るのはやめて英子を呼び寄せようかと真剣に考え始めていた。

あれこれ考えて、幼い子供を連れてくるのが大変だったらしばらくの間両親の手にゆだねて英子だけでもこちらへ来てはくれないかと長い手紙を書いた。

この手紙を出した少し後、ミリガンカレッジのスポンサーである牧師が開催する食事会に招待された。彼は大変有名かつ有力な牧師で、よくカレッジの教授たちを招いてこのような食事会を開いていたようだ。柔道の事があったからか、学生の中ではたった一人の招待者として教授や牧師に混じって出席することになった。

よく映画のシーンに出てくる大きな長いテーブルに何脚ものイスが備え付けられ、飲み物や果物、豪華な料理にグラスが準備されている、あの典型的なテーブルだ。出席者も日本人の良雄でさえ知っているような著名人が何人もいた。良雄は少し誇らしい気持ちで出席していた。失礼があってはならないと主催者の牧師に自分の席はどこかと尋ねた。牧師は一言「Over there（向こう）」と応えた。彼の指さす方を見ると、部屋の片隅にぽつんと一つ小さな台のようなテーブルがあって、そこに食事が用意してあった。

それは明らかに食事会の食卓とは異質のもので、まるで物置から引っ張り出してきた台をそこに置いたといった感じのものだった。人間の食卓の脇に備えられたペットか何かのもののようにも見える。

白人の教授や牧師の食事会で、自分だけ一人、あの片隅で食べろというのだ。人種差別のはっきりしている国とはいえ、これがこの著名で尊敬を集める牧師の言動であることに良雄は驚きと失望で絶句した。

自分は一体何のために招待されたのだろう。そう考えるとだんだん腹が立ってきた。「ふざけるな」とテーブルの一つもひっくり返したい気持ちを抑えて、挨拶もせずに黙ってその場を後にした。これがその時の良雄にできる精一杯の抵抗だった。

文化的で開放的で、豊かな住みやすい国だとすっかり気に入っていたのに、ずっと住み続けたいと思っていたのに、寄宿舎に帰るとすぐに荷物をまとめた。もうここにはいたくないと思っていた。

この日届いていた英子からの手紙には元一の写真が入っていた。初めて見る我が子の写真だった。眺めていると胸に迫るものを感じてわけもなく泣けてきた。

「そうだ、家族の待つ日本に戻ろう」

これで良雄の気持ちは決まった。「先に出した手紙は取り消しだ。やっぱり日本に帰る」新たに送った手紙にはそう書いた。しかし、幸か不幸か、どういう事情かは不明ながら、先に送った手紙は英子の許に届いてはおらず、その後もずっと英子の手許に届くことはなかった。

アメリカ最後の夜、ロスアンゼルスのホテルに入る前にバーに入った。

大きな荷物と、日本では高価なジョニーウォーカー黒ラベル、通称ジョニ黒がアメリカでは信じられない程安価で手に入るのに目をつけて、何とかして一本でも多く持ち帰りたいと詰め込んだ鞄を傍らに置いて、カウンターで飲んでいた。その後、居合わせた女の子と意気投合して楽しく踊っていた。そこへ大きな男がやって来て、良雄と踊っていた女の子をダンスに誘い、良雄から奪い取った。腹が立ったのでくってかかると喧嘩になった。それから後の記憶は全くない。

目が覚めるとそこは宿泊予定だったホテルのマネージャーの部屋だった。

「やあ、気がついたかい」

「君は昨夜大男と喧嘩になって、ぶん殴られて店の外に投げ出されてしまったんだよ。

持っていた荷物も何もかもだ。まったく無茶したものだよ。それで私がここへ連れて来たってわけだよ」

そうだ、あの大男に殴られて気を失っていたのだ。まだ頭がズキズキする。

正気に戻ると、日本へ帰るための所持金やパスポートはどうなったか急に心配になった。

「荷物なら散らかっていたのを全部集めてそこに置いてあるよ。なくなったものがないか確かめてみるといいよ」

マネージャーは言った。脇を見ると確かに良雄の荷物がまとめてあって、現金からパスポートまできちんとしまってあった。もちろん、後生大事に詰め込んだジョニ黒の瓶も全部無事だった。「良かった」親切な男が居合わせてくれて助かった。彼のおかげで予定通り帰国の船に乗ることができた。

一人二本の持ち込み制限があるジョニ黒も、出帆前に知り合った乗客にお金を払って二本ずつ持ち出してもらう事ができた。もちろんそれを帰国後、良雄が販売して、それなりの利益を得たことは言うまでもない。

アメリカの思い出が、今に至るまで良いものとして残っているのは、あの親切なマネージャーのおかげであることを思い、彼には心から感謝している。

七、家族と身内に支えられ

赤ん坊の動きは独特で、手足をばたつかせながらこっちを見てきゃっきゃっと笑う。不思議なもので、目が合うと思わず顔が緩んでしまう。

五ヶ月になる長男の元一は手紙に書いてあったとおり目鼻立ちのはっきりしたかわいらしい赤ん坊だった。

「私の顔を見て笑っている。これが私の子供なのか。なんてかわいいんだろう」

我が子と向き合うのは不思議な感覚だった。むっくりとふくらんだ手におそるおそる触ってみると、柔らかくて弾力があり、心の奥底から喜びが湧き出てくる。赤ん坊は差し出した良雄の指をぎゅっと握って足を上下に動かしながら自分の口へ持って行こうとする。眺めていると限りなくかわいくて、引き込まれてしまう。いつまで眺めていても飽きることがない。

「かわいいでしょう。みんながね、鼻のあたりがあなたに似てるって言っているのよ。こ

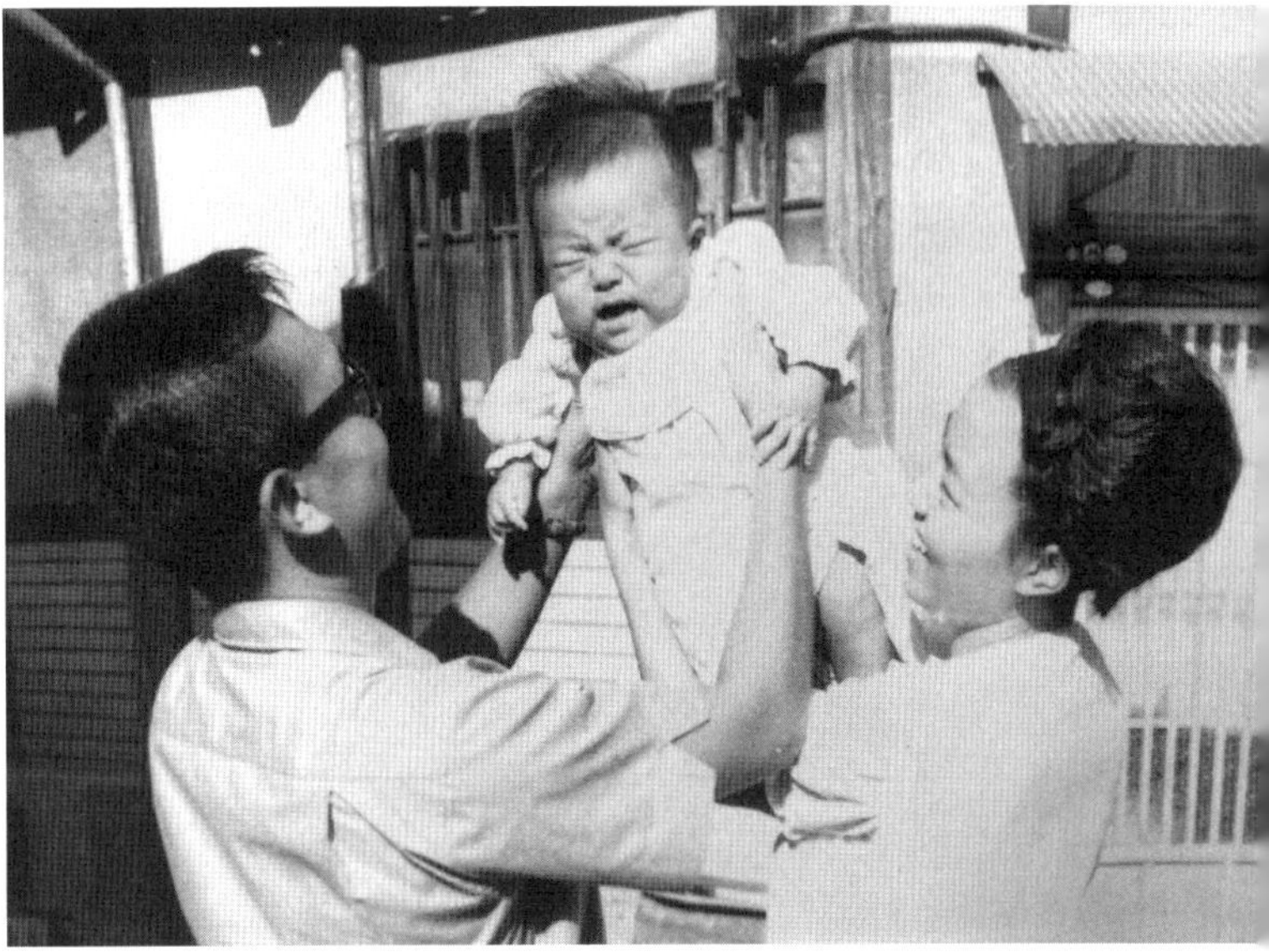

帰朝した良雄が駆けつけたのは、その帰りを首を長くして待っていた最愛の妻英子と、息子元一のもと。初めて見る我が子を前に、笑顔と涙が溢れた。（1962年10月）

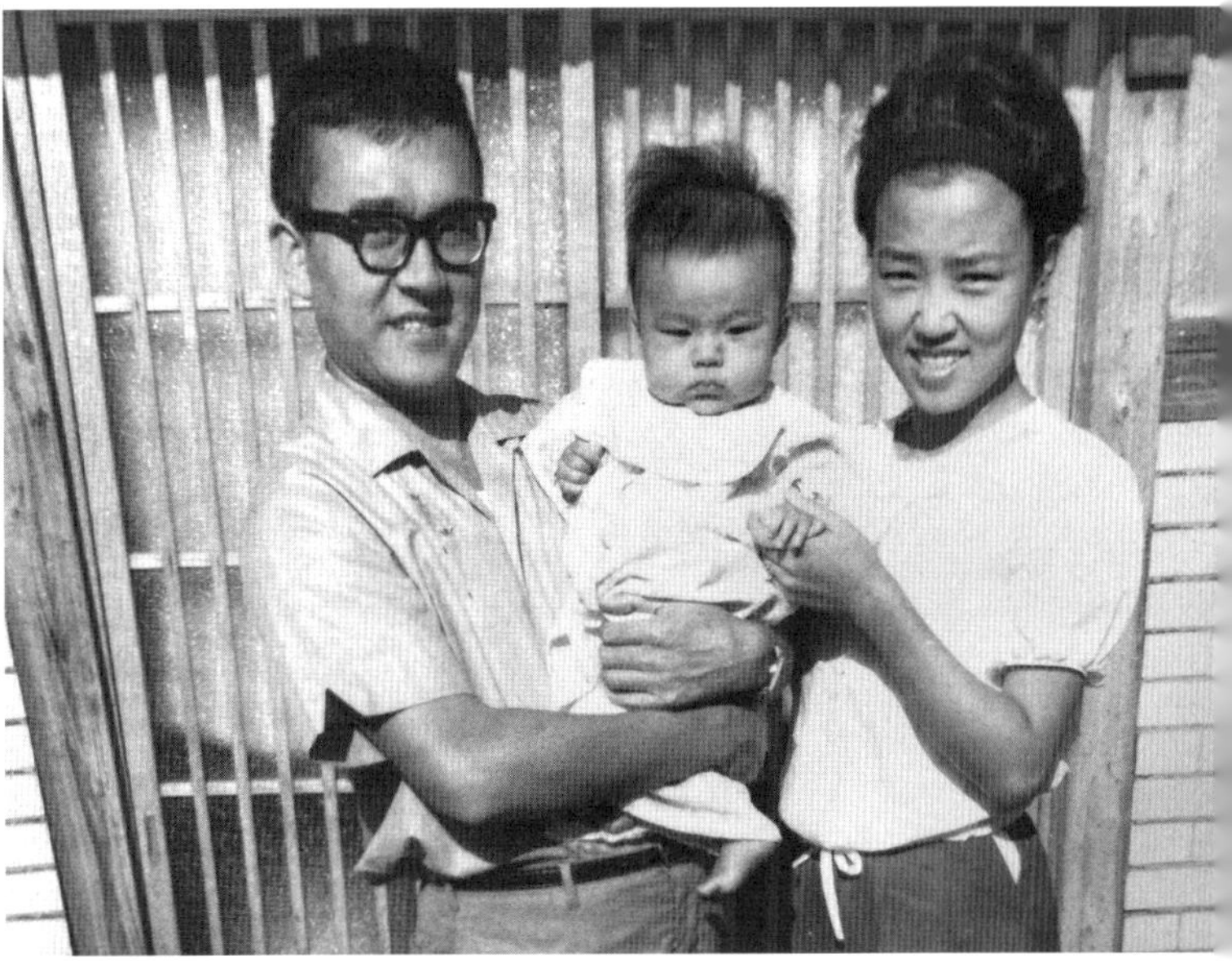

こうして、家族が揃った。（1962年10月）

の子ったらいつも機嫌が良くて、ホントにいい子なのよ」

エプロンで手をふきながら英子がのぞき込んで声をかけ、ちょんちょんと元一の頬をつついて、また台所の方に行った。立ったり座ったり、忙しげに動き回る英子はすっかり母親らしくなり、この家の中で地位を得ている感じがした。

「ふうむ、鼻が私に似ているのか」

そう思って眺めると何か照れくさい気がした。

日本を離れるまではあれほど不満がいっぱいで、離婚まで頭をよぎっていた良雄だったが、アメリカへ行って初めて英子の存在の大きさに気づき、与えられた家族を大切にしなければいけないという思いを深めていた。


良雄は英子と元一を連れて東京に戻り、新しい住まいでの生活を始めた。

間もなく次男正一も誕生し、いつまでも甘えてはいられないと、正雄の店から独立して、自分の店を立ち上げた。御徒町に開店した喫茶店は、一階を「純喫茶紫」二階を当時は耳新しい「同伴喫茶紫」という名称で、外装も内装もスタッフも、何もかも地域の一番を目

新しい生活の始まり。（写真は1964年頃か）

次男正一も加わり、家族四人、充実した毎日。（1965年）

指してスタートした。

自分の店を持つことは一つの夢であり、喜びではあったが、そこにはいつも資金の心配が伴うということでもあった。開店のための借入金は返済できるだろうか。スタッフの給料は払えるだろうか。仕入れの支払は出来るだろうか。新しい設備のための資金は準備できるだろうか。今月は目標の売り上げが達成できるだろうか。更に売り上げを伸ばすためには何をすればいいだろうか。数え上げればきりがない。それでも良雄は自分の店のために連日身を粉にして働いた。

家に帰ると妻と子供達が、自分の帰りを待っていてくれることも、大きな励みになった。

「喫茶紫」は良雄の読み通り、同伴喫茶という新しい形態と、おしゃれで高級感の漂う店構えが評判となり、すぐに上野界隈でこの喫茶店を知らない人はいない程有名になった。

折しも英子の実家では弟の英泰が高校を卒業して進学の準備をする時期を迎えていた。英泰から「上京して大学に通いたい。姉ちゃんの家においてもらえないか」という相談があったときは「おお、主の恵み（神様の助け）」とばかりに喜んで受け入れを承知した。

「喫茶紫」――当時としては大分モダンな店構えだ。(1963-5年)

何しろ英子は三月に第三子を出産予定だったし、良雄は子供達とよく遊んではくれたが、仕事だけで身動きが取れないほどの忙しさだったのだ。

四月になると英泰がやって来た。

金山家の二階の一室を住まいとし、良雄の元で働きながら明治学院大学に通い始めた。第三子、洋一を出産したばかりの英子も、子育てに追われていた。多忙な母親と存分に遊べない元一と正一も、英泰の同居には大喜びだった。しかし、誰よりも喜んだのは良雄だったかも知れない。

何しろ若い英泰は子供達とも仲良く遊んだし、英子の手伝いも惜しみなくやった。少し慣れてくると店の手伝いも始めた。何をやっても手際がよく、言われる前に気がついて、陰日向なくよく働くのが良雄の気にいっていた。

商売は順調で、この勢いのあるうちにと、すぐに姉妹店を持つ計画を立てた。

英泰の来る少し前、湯島に物件が見つかり、ここに本店に負けない立派な店舗で、一流にこだわった姉妹店、「同伴喫茶桃山」が作られた。本店が話題となっていたので当然のように姉妹店も大きな話題となり、当初から順調な滑り出しだった。

アメ横マーケット入り口。（1963-5年頃）（函館フォトアーカイブズ）

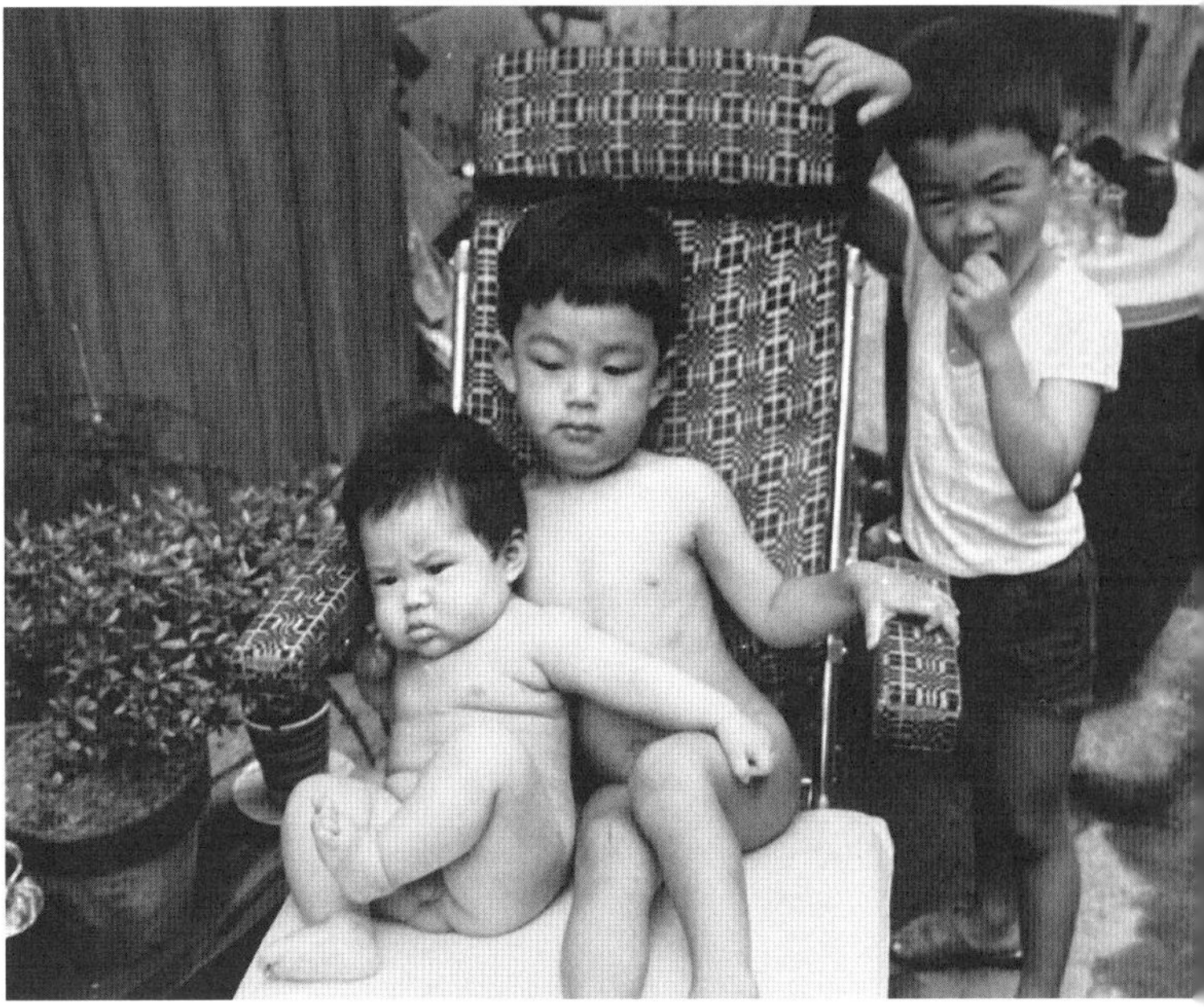

元一も正一も一番下の弟に興味津々。（1966年）

三男洋一が加わって、家族五人に。（1966年）

まだ若い英泰は良雄の指示に忠実に従い、実に勤勉だった。二人が仲良くやっていけるだろうかと心配する英子に、良雄は笑いながら言った。

「彼にはね、凄い特技があるんだよ。レモンティーのレモン、みんなは一個を六枚から八枚にスライスするだろう。それを彼はなんと十六枚にスライスするんだよ。素晴らしいだろう。それを持ち上げると向こうが透けて見えるんだ」

レモンティーは当時のおしゃれな飲み物で、これにレモンは不可欠だった。レモンの価格は今よりずっと高価だったから、これを通常の二分の一の厚さにスライスできるのは賞賛される技術と言えた。一方英泰の方も心から良雄を尊敬している様子で、何から何までよく観察しては感動していた。

「いやあ、兄さんの方が凄いですよ。今日なんか因縁をつけてきたチンピラを一喝して黙らせてしまいました。誰にでもできるものではありませんよ。あの大声には私も驚きましたけど」

と屈託のない笑顔で話した。まったく性格の違う二人は、よほど相性が良かったのか、英子の心配をよそにうまくやっているようだった。

事業が上手くいってもいかなくても、アルコールからは逃れられない。家にはショーケースに高級なアルコールをずらりと並べて、いつでも楽しめるように備えていた。以前のように死にたいと思うようなことはすっかりなくなったが、アルコールをやめることはできなかった。

ある日のこと、突然教会の主任牧師チョウ先生が金山家を尋ねてやって来た。

「旦那さんは酒をどのくらい飲む。いつも酒の匂いをさせておる」

玄関に出迎えた英子夫人にいきなり切り出した。

「酒はやめなければならん」

そう言うと家の中の酒を見せて欲しいと上がり込んできた。ショーケースにぎっしり並べられた色とりどりのボトル。チョウ先生はこれを見るなり言った。

「全部捨てなさい」

「ええっ。全部ですか。あの、料理に使ったりする分とか、残しておくのもいけませんか」

「だめだ。全部、全部捨てなさい」

中には一本何十万円もする洋酒もあり、内心もったいないと思った英子夫人にチョウ先生はまったく譲る気配などなかった。

その時、一瞬ためらったかに見えた良雄が一大決心をしたという様子で
「パパはお酒をやめる」

と大声で宣言してケースの中のボトルを全部庭に運び出した。酒という酒一本残らず栓を開け、中身を排水溝へと流した。それはもう小気味が良いほど大胆で、だれも口を挟む余地はなかった。騒ぎに駆けつけた元一少年は、それを見ながら「もったいないことするな」と思ったことを今でも覚えているという。

長い時間をかけてすべての瓶を空にした良雄は、ケースを眺めて言った。

「うん、すっきりした」

この事件は良雄の意識を変えたのか酒量は少しずつ減っていったように思われた。

毎週水曜日、夜七時になると、金山家ではいつものように家族全員が集まって家庭礼拝が持たれる。どんなに忙しくても良雄が真っ先に聖書と賛美歌を持ってリビングにやって

来る。長男元一、次男正一、三男洋一もちゃぶ台を囲む。時間になると英子が賛美歌をリードする。

賛美歌の意味はよく分からなかったけれど、母の美しい歌声は子供達の心に久しくとどまって、大人になっても懐かしく思い出されるほどだった。

賛美の歌が終わると良雄が準備した聖書の話を短く子供向けに話す。子供をどこまでも愛し「神を信じ、神に喜ばれる者になって欲しい」という祈りと願いをもって話す良雄の話は子供達にもわかりやすく、飽きさせない。

礼拝が終わると楽しい話題が待っている。

楽しい話題と言えば、何と言ってもスポーツ。金山家の子供達は皆小さい頃からスポーツに親しんで育った。自宅からほど近い曙町（現在の白山）の京北高校（現在の東洋大学京北中学・高等学校）のグランドに行ってローラースケートをやろうとか、野球をやろうとか、夏には地域住民に解放された高校のプールで水泳大会をやろうとか。父はいつもわくわくする話題を提供して来るのだった。

この日は良雄がダーツセットを持ってきた。子供達が駆け寄ってくる。

何気ない、でも本当にかけがえのない、この瞬間が良雄を支える。（1968年）

仕事やその他の働きがどんなに忙しくても、良雄が子ども達との時間を取らないことはなかった。（1968年）

「ダーツって何だ？」

興味津々の子供達。この反応にだれよりもうれしそうな顔の良雄が手本を示す。

「いいか、こうやって的に向かって投げるんだ」

説明が終わるのを待ちきれずに子供達が競って手を出す。

「は、は、は、順番だ、順番」

みんな夢中でダーツに挑戦した。もちろんママだって負けていない。金山家は家族全員参加で楽しむのがルールなのだ。

「みんなもう大丈夫か。できるようになったかな」

全員がいっせいにうん、うんとうなずくのを確認して、良雄が切り出した。

「それじゃあどうだ、ダーツ大会をやろうじゃないか」

「おー、いいね。いいね」

「やろう、やろう」

みんなピョンピョン跳ねて大喜びだ。

「賞品はもちろんあるよね。何、なに？」

「もちろんだ。あるとも」

楽しかったはずの礼拝タイムは、子供達が大きくなるにつれて、次第に彼らにとってはそれほど楽しくない、疎《うと》ましい時間に感じられるように変化していった。

本当はもっと遊んでいたい。毎週強制されて集まるのはいやだ。よその家ではこんなとやっていない。と言うような不満も生まれてきた。それでも父が決めたことだからと小学生のうちはみんなきちんと出席していた。

中学生になるとスポーツ好きな子供達は部活動に夢中になり、帰宅が遅くなるのをいいことに、一人、二人と抜けていった。しかし、入れ替わりに幼かった子供が次々と参加できるようになり、長く水曜日の家庭礼拝は続けられたのだった。

あんなに忙しくて、引きも切らなかった喫茶店の客足は、季節が変わるように、すっかり遠のいてしまった。同伴喫茶という物珍しさに反応しなくなったのだ。

長谷川はあの忙しさの中で、無我夢中で過ごした日々を思い返していた。

義兄の良雄に乞われるまま、ひたすら働いてきた。最初の内は「喫茶紫」の手伝い、開店準備、接客、仕入れ、何もかもが初めての体験で大変だったが、仕事を覚えるのは楽し

家族で出かけた、海、川プール。実は、良雄は水泳の指導員免許も所得していたほど泳ぎが達者。(1972-3年)

家族が揃えば、そこがhomeに。四男太一、長女一恵が加わって家族7人。(1973-4年)

かった。上手くいって良雄が喜んでくれるのが長谷川の喜びでもあった。「よし、ここで人の三倍働いて、一日も早く一人前になってやろう」

そう決心して、働きに働いてきた。

「同伴喫茶桃山」では、長谷川は既にマネージャーを任されていた。開店早々から毎日目が回るような忙しさだった。忙しさの中から生まれた「こうすればもっと良くなるのではないか」「こんな対応はどうだろうか」という工夫を良雄に提案すると、大概は「やってみたらいい」と任せてくれた。良い結果が出ると「あれはよかったね」とほめられる。その時の良雄の笑顔は大きなご褒美だった。あれが次の意欲に繋がったなあと思い出される。日ごとに売り上げが上がり、仕事はいつも楽しかった。何とか仕事を覚えて、これならやっていけると思えるようになった矢先の出来事だった。

良雄もここまで客足が減ると次のことを考えなくてはならないと考えたようで。「これまでのように水商売を続けていたのではいつまでもアルコールとの縁が切れない。クリスチャンとしても望ましい仕事ではないと思う。それで、水商売はやめてスポーツ用品の販売をやろうと思う」

と言って、一階の純喫茶紫を改装して、紫商会という店名でスポーツ用品店を始めた。

スキー用品や雑貨等、売れそうなものは何でも販売した。しかし、商売はそれほど簡単ではなかった。ちっとも売れないし、もうけは少ない、従業員は皆時間を持て余していた。

長谷川も「このままここでこうしていても仕方がない。新しい人生設計をしなければいけない」と考えていた。毎日いつやめようか、いつ言い出そうかと、退職のことばかり考えていた。忙しいと言うことはありがたいことだったとしみじみ感じさせられる。しかし、何事も今日が上手く行っているからと言って、それがずっと続くわけではない。市場は変化する。その先を読んで、先手を打っていくのは難しい。この経験は長谷川の後の歩みのための大きな学びになった。

思えば東京に来て五年が過ぎようとしていた。このままここにいて大した仕事もしないで給料をもらい続けるのも申し訳ないし、自分の将来のことも考えなくてはならない。今が決心の時だ。長谷川は思いきって良雄に話しをした。

「社長には大変お世話になりました。一息ついた今、自分もそろそろ大阪に帰って、これからのことを考えたいと思っています」

切り出したからには後には引けないという覚悟であった。良雄からはいつものように「そうか。分かった」と短く受け入れる返事が返ってきた。

懐かしい面々。長谷川は後列左端。良雄は前列中央。(1970年)

その日、仕事が終わると、

「今日はこれから送別会だ。みんなで気持ちよく送り出してやろう」

と言って、良雄は長谷川と関わったスタッフを引き連れて、伊豆の旅館に赴いた。

長谷川は、最近は利益も上がっていないのに、こんなに盛大に送り出してもらって申し訳ないという気持ちと、感謝の気持ちでいっぱいだった。

みんな程よくアルコールが入って宴席が盛り上がり始めた頃、突然スタッフ二人が喧嘩を始めた。何が原因だったのか、大揉めにもめて、ついに乱闘騒ぎになってしまった。この二人は以前にも酒席で同じような問題を起こして良雄から再三の注意を受けていた。

もう送別会どころではなくなり、全く収まる気配はなく、誰もかれも気持ちがイライラしていた。中でも抑えがたい気持ちを抱いていたのは良雄だった。売り上げの低迷に加えて、誰よりも信頼していた長谷川までもが、選りによってこんな時に自分の許から去って行こうというのだ。彼の気持ちを考えると引き留めることもできず、笑って送り出そうとしているというのに「こんな時に何をやってるんだ」良雄の大声が響き渡った。良雄もアルコールが入って今にも殴りかかりそうだった。咄嗟に「従業員に手を出したら大変なことになる」と感じた長谷川が良雄を羽交い締めにして止めに入った。

良雄の怒りは頂点に達していた。二人に殴りかかるわけにも行かず、イヤァーと叫びながらその拳で窓ガラスをたたき割った。それでも収まりきれず、立て続けに何枚もたたき割った。ガラスの破片が飛び散って良雄の手から鮮血が吹き出した。

「ばかものめ。お前たちはクビだ」

喧嘩をしていた二人は突然の出来事に動きが止まってしまっていた。他のスタッフも手を出すこともできず、呆気にとられて見ているほかなかった。

良雄の気持ちはなお収まることなく、そのまま部屋に戻り、車を出して東京に向かった。元一は促されるまま同乗したが、タオルで巻いた良雄の右手から血がしたたり落ちていて、気が気ではない。ガラスの破片が刺さってはいないだろうか、こんなに酔っ払って運転は大丈夫だろうかと心配は尽きなかった。それは元一の一生の中で最も恐ろしいドライブだった。

長谷川は送別会の後片付けもそこそこに東京へ戻り、金山家を訪ねた。ガレージに全体

がボコボコに潰れた良雄の車が停まっていた。これを見ただけで帰りの様子が想像出来て恐ろしくなった。対応に出た姉の英子は
「うん、大丈夫よ。昨日はごめんね。とんだことになっちゃって。本当に悪いことしちゃったわ。帰りにね、開いてるクリニックがあって手当をしてもらったらしいのよ。何カ所か縫ってもらってた」

「ええ、運転もね、ものすごく怖かったそうよ。生きた心地がしないとはあのことだってね。もう怪我の方は心配ないと思うの。本当はね、彼、あなたがいなくなると思うとそれがショックだったのよ。きっとどうしようもなく寂しかったのね」

そこへ右手を包帯でぐるぐるに巻かれた良雄が現れ、両手を広げて長谷川に言った。

「ごらん、この有様だ。君に行かれてしまうと困ってしまうのだよ」

すでに決断して、これから帰阪しようとしている長谷川も、その様子に動揺してしまった。

「すみません。一度、大阪に帰って、父や兄たちとも相談させて下さい」

そう応えるのが精一杯だった。

「そうか、そうだね。お父さんやお母さんによろしくね」

良雄の声に力がなかった。長谷川は、そんな良雄を見るのは初めてだった。

久しぶりの大阪は、やっぱり長谷川にとっては心からくつろげる場所だった。懐かしい母の手料理はいつ食べてもおいしくて、心の奥深いところからほっとする。

長谷川は床に寝転んで、天井を見ながらぼんやりと考えた。いくら暇とは言え、あの二人とその上司が首になって自分がいなくなってしまえば店は困っているだろう。はたしてこれからどうすればいいのだろうか。

そこへ父がやって来た。

「姉さんから聞いたよ。お前も大変やったな」

「うん」

「これからのことも考えないかんし」

「うん」

「義兄さんは随分とお前を頼りにしとったようやな」

「そうかな。俺はこれからどうするのが一番いいのか」

長谷川は起き上がって父と話した。自分の人生だから、後になって後悔はしたくなかった。だからといって東京に戻ることが後悔のもとになるともいえない気がした。別れ際の良雄の寂しげな笑顔が頭から離れなかった。一緒に立ち上げたスポーツ用品店のスタッフが同時に四人もいなくなって、どうしているだろうかと気にもなっていた。

「姉さんのためや思て戻ったらどうや。商売のことは義兄さんに任せるとして、暇な間やからやれることとかてあるやろ。店の中の人間教育は大切な事や。それはお前の役割やないか。企業は人やて言うやろ。お前にぴったりの仕事やないか。これから外に出て新しい仕事を探すのも楽しみかも知れへん。そやけど、ここまで頑張ってきた所で、義兄さんと一緒に成し遂げていくいうのも楽しみやないか」

父の言うことはもっともだと思った。

「私はね、義兄さんはきっと大きな仕事を成し遂げていく人や思うとる。その時、おまえの存在が必要や思う。おまえはやさしいてよう気がつく、体おしみせんと仕事をする男や。それに、何と言うても身内やし、信頼出来るやないか」

父は長谷川が考えていることをすべて言葉にしているかのように語って、東京に戻る後押しをした。

長谷川は父の言葉に力を得て、わずか一晩の滞在で東京に戻った。

長谷川の帰京を金山夫妻がどんなに喜んでいるかは長谷川に真っ直ぐ伝わった。これから先のことは分からないが、戻ってきて良かったと思った。これからは自分の役割を全うして、良雄を助け、姉を安心させようと決心を新たにした。良雄も言葉には出さなかったが、喜びと感謝が体からあふれ出て、握手する手からこぼれ落ちそうだった。

八、回心と召命

その日は伊豆長岡に『ちいろば先生』と呼ばれている榎本保郎牧師の講演会があるというので朝から楽しみにしていた。改めて榎本を描いた『ちいろば先生物語』（三浦綾子著）の読み直しもした。

実はこの日の榎本保郎との出会いは良雄の人生を変える大きな出来事となった。

榎本が『ちいろば先生』と呼ばれているのは聖書に由来していた。

イエスが王としてエルサレムに入城する前、弟子に「野につながれているまだだれも乗ったことのない子ろばを引いて来なさい。もしそれをとがめられたら『主がお入り用なのです』と言いなさい」といわれた所だ。イエスはこのろばに乗ってエルサレム入りしようというのだった。晴れのエルサレム入城に馬ではなくろばに乗って、しかもだれも乗せた経験のない子ろば。それは乗り物としては下の下。そう思ったとき、保郎自身も人間の中の下の下、人を乗せたら何歩で参るか分からない。それでも「主の用なり」と言われたらイエスさまを乗せてどこへでも行こうと思ったことから自分のことを小さいろば「ちいろば」と言ったのが始まりだそうだ。

兵庫県淡路に生まれた保郎は、小学校の代用教員をしている時に召集令状を受け取った。神国日本の勝利を信じ、天皇陛下のため、お国のためと勇んで戦地奉天へ赴く。戦況が厳しくなり、食糧もままならず、今日の命も危なくなってなお「必ず神風が吹いて勝利へと導かれる」と信じていた。しかし、その期待は裏切られ、敗戦。身も心も傷ついて帰還する。正義感は人一倍強く、優しくて働き者だった保郎の心は荒み、家族にかける言葉も荒々しくなり「あれは気がちごうた」と言われるほどだった。

多くの帰還兵がそうであったように、榎本もまた生きる意欲が体から抜け落ちてしまっていた。生きる気力も目標も失って「何のために働くのか。何を目標に生きるのか」毎日、何をすれば力が湧いてくるか模索していた。

戦地で出会った一番の親友、奥村光林のことを考えていた。

彼は文武に優れたすばらしい男で、カトリックの神学生だった。その奥村は幹部候補生の一次試験で一〇〇〇〇人中一番という優秀な成績だった。保郎は三十番だった。彼をかわいがっていた上官が「二次試験では宗教のことを聞かれるが決してキリスト教徒とは言うな」と口止めしたが「カトリックの神学生です」と答えて三十五番になった。「八百万の神々を信じています」と答えた保郎は一番だった。

あの奥村はどうしているだろうか。彼と会って話をすれば力が湧いてくるかもしれない。案外自分より早く帰還しているかもしれないと、彼の実家を訪ねることにした。

「父は京都でカトリック教会の神父をしている」と言っていたのを思いだし、教会を訪ねて彼の父親に会った。しかしまだ奥村は帰還しておらず、この父親に彼の戦地での話をし、たいそう喜ばれた。

「光林が生きているか戦死したかわかりませんが、もし生きているなら必ずやあなたのために朝毎に、夕毎に祈っておることでしょう」

と言い、別れ際に「では祈りましょう」と言って、ガバッと両手を床につき、大きな声で震えながら五分ほども祈った。保郎は初めて見る光景にただ驚いてその内容を受け止めることができないでいた。

帰り際に物乞いらしき男とすれ違い、今まで保郎のいた部屋に招き入れられていた。先ほど道案内をしてくれた近所の婦人が驚いている保郎に言った。
「先生とこにはおこもはんもよう来ましてな。先生は誰が来やはっても、お茶をお出しやして、お説教なさって、帰り際には大きな声でお祈りしてくれはりますのや」

その翌日、保郎は「長崎二十六聖人の殉教」という本を夢中になって読んだ。豊臣秀吉の命により信仰を理由にはりつけの刑に処せられた二十六聖人の話だ。中には十五才にも満たない少年達もいて、「見せしめのために鼻をそぎ、両耳を切り取れ」という命令であったが、左の耳を少し切り取るにとどめた石田三成に十四才の少年は「お役人様、どうぞ飽きるほどわたしの血をお流し下さい。お望みなら私の右の耳も切り取って下さい」と述べたのだそうだ。

また処刑の任に当たった寺澤半三郎から「キリシタンを捨て、わしに仕えるなら必ず助ける」と持ちかけられた十二才の少年は「はかなく亡びる肉体の命と永遠に生きる霊魂の命、どうして取り替えることができるでしょう」と応え、処刑され、その死に顔は微笑をたたえていたという。

何というあっぱれな死に様だろうか。

保郎は自分の十四才の頃を思った。国のために戦う、それを第一義にして生きてきた。それが崩れると残ったのは虚しさだった。キリスト教なるものを保郎は知らない。だが、この人々の生き様、死に様こそが戦地奉天以来探し求めていたものである気がした。

この時から「俺は切支丹になる」と宣言して、同志社の神学部へ入学した。寝る間も惜しんで勉学に励み、まだ洗礼も受けていない学生の頃からよく働き、よく祈り、よく教会に仕えた。夏休みに始めた林間学校がきっかけで開拓伝道を始めた。

郷里福良教会の野村和子と結婚して、祈りに祈って与えられた家を「世光教会」と名付けて学生の身分のまま牧会を始める。妻の和子はここで保育園を始めた。牧会、会堂の修理、大学での学び、保育園の園長、保郎夫妻は働き詰めに働いた。

最初は夫婦二人だけの礼拝もあったが、保郎はいつも満場の会衆に語るように大きな声で心を込めて説教をした。

世光教会は十年のうちに一〇〇人規模の教会に成長し、高校生会の出席者も一〇〇人を超えた。伝道所や家庭集会といった伝道の拠点も幾つかできた。

後に四国の今治教会からの招聘があり、世光教会の教会員による激しい引き留めを振り切って今治へと引っ越しをする。

「わしはちいろばや。イエスさまを背中にお乗せして『行け』言われる所どこへでも行く。」

今治教会に移っても熱心に神と人とに仕える保郎は、誰からも愛されていた。

そんな時に出会ったのがアシュラムだった。それは煩わしい世俗の場より退いて祈る。朝一番に神を仰ぎ見、神の声を聴く。聖書を通して神のことばに聞き入り、深い瞑想の時を持ち祈る。人ではなく、神が講師となって、参加者の心を清め、強め、導く。そして、参加者達は深い慰めと、神への熱い思いに満たされる。

良雄はこの榎本保郎牧師の生き方に深く惹かれていた。アシュラム運動というものにも興味を持っていた。いつものように早く会場に向かい、最前列に座って講演の開始を待っていた。

やがて時間になると、良雄の隣に座っていた男性がおもむろに立ち上がり、講壇に立って話し始めた。「彼が今日の講師榎本保郎牧師だったのか」と驚いた。しかし、本当に驚いたのはその話の内容だった。

良雄は素晴らしいと評判の集会にはできる限り出席するようにしていた。その話から霊と肉体とに力を受けて歩むのが喜びだった。しかし、この時の話は別格だった。これまで聞いたこともないような話の内容だった。会衆は一様にその話に聞き入って身じろぎもしない。特に良雄の心を激しく捉えたのは開拓当時の頃の話だった。

まだ学生で、貧しくて貧しくて、その日の食糧を確保することさえやっとの事で、教会を抱え、家族を抱え、牧師生活を送っていた。そんな講話の途中で、榎本は突然大粒の涙を流して言ったのだ。

「皆さん。私はとんでもない罪人なのです」

大勢の会衆は榎本に注目し、緊張して聞き入っていた。

「そんな貧しさの中、妻が妊娠しました。しかし、子供を食べさせて行くことは到底できる状況ではありませんでした。それで……。妻に、子供を中絶するように頼みました。……。私は自分の子供を死に追いやったのです。殺してしまったのです。殺人者なのです」

ここまで聞くと良雄の胸は熱くなった。榎本の言葉が胸にグサリと突き刺さった。もう何も頭に入らなくなってしまった。これまで誰にも言えなかった。ずっと昔、独身の頃、自分も同じような罪を犯していた。それなのに、知らん振りをしてきた。記憶の彼方に追いやってきた罪。これをこのままにしていてはいけないのだ。この人は神の前に悔い改めて解決をしているから、この大会衆の前でこんな話ができるのだ。すごい人だ。自分にはそれができていない。そんな思いが頭の中をぐるぐる駆けめぐった。良雄の心は榎本のこの告白によってすっかり捉えられてしまった。

集会が終わると良雄は隣の席に戻った榎本に話しかけた。

「先生、今日はどちらにお泊まりですか」

「品川のホテルです」

「そうですか、私は東京から車で来ておりますので、是非そこまで送らせていただけませんか」

こうして良雄と榎本は繋がったのだった。それは運命的な出会いだった。

真っ赤なボルボのオープンカーに乗り込むと、榎本は余程疲れていたのか、すぐに眠りについた。時々いびきをかきながらホテルに着くまでずっと熟睡していた。

ホテルに着くと、良雄は鞄代わりの風呂敷包みを下げた榎本にロビーまで同伴した。そのロビーで二人はずっと話し込んだ。

榎本の奇想な歩み、良雄の波乱な歩み、共に身も心も荒廃し、生きる希望と意味を見いだせなかった。そのただ中に、現れ出た信仰による光と希望。榎本には戦友奥村の、良雄には金田牧師の、祈りと、生き様がそれへと導いた。その指し示すところに向かってひたすら歩んだ。そして結ばれた実は、生きる希望と、喜びと、感謝そのものだった。しかし、なお生まれ出る悩みの数々、何をどう話したのか記憶にないほど多くのことを話し、言い知れない満足感に満たされた。

すっかり意気投合した二人はついに朝方まで話し込んで、分かれ際に榎本が言った。

「金君、あなたはきっと大実業家になるよ」

良雄は霊の奥深い所に新たな力と喜びがみなぎるのを感じながら、あかね色の空の下、家路についた。

良雄は道々思いを巡らしていた。

こんなに仕事が上手く行かないのは「神様が自分に商売ではなくて、伝道者になることを望んでおられるからではないだろうか」考えがそこに落ち着くと、すぐに韓国に渡り、神学校に入学した。日本に帰ってこれからどのようにして伝道活動をしようかと考えているときにハレルヤKという男と知り合った。何かというと「ハレルヤ、ハレルヤ」と言う

良雄と保郎。榎本牧師は金田牧師と並んで良雄を生涯支える人物となった。（1971-2年）

のでそう呼ばれているらしい。二人で日本全国伝道旅行をしようという話になり、二台のハーレーを買い込み、伝道計画を立てた。しかし、ハレルヤKが実行前にこのハーレーで交通事故を起こし、大怪我を負って入院したために、この計画を実行には移せなかった。しかも、彼は、何の連絡もなく入院先から姿を消してしまった。この計画は神様から喜ばれていなかったのかも知れないけれど、信仰で結ばれ、志を同じくした友と、こんな形で別れしまったことが良雄には寂しかった。

ハレルヤKの入院費の精算を済ませて力なく帰宅すると、英子が「パパ、ここ、ここを読んで」と聖書を開いて良雄に差し出した。

そこにはこう書いてあった。


兄弟たちよ。そういうわけで、神のあわれみによってあなたがたに勧める。あなたがたのからだを、神に喜ばれる、生きた、聖なる供えものとしてささげなさい。それが、あなたがたのなすべき霊的な礼拝である。

わたしたちは与えられた恵みによって、それぞれ異なった賜物を持っているので、もし、それが預言であれば、信仰の程度に応じて預言をし、奉仕であれば奉仕をし、また教える者であれば教え、熱心に指導し、慈善をする者は快く慈善をすべきである。
ローマ人への手紙　一二：一、六〜八

ハレルヤＫとのやりとりや、仕事と伝道の間で不安定な時間を過ごしている夫の悩みは、英子の心の痛み、祈りでもあった。英子がその日ピアノの前に立つと、ここを読めとばかりに開かれた聖書が置かれていた。それがこの箇所だったのだ。

「神様はあなたに伝道者になることを期待されていないと思いますよ。あなたにできることは商売なのではありませんか。神様はあなたに商売の才能を与えて下さっていると思います。商売で神様に仕えることができるのではないですか」

良雄は榎本の別れ際のことばと、英子のことばを心に留めた。

この翌日から良雄は榎本の提唱しているアシュラム（祈りの生活）の実践を始めた。

自分の奥まった部屋に入りなさい。そして、戸を閉めて、隠れたところにおられるあなたの父に祈りなさい。そうすれば、隠れたところで見ておられるあなたの父が、あなたに報いて下さいます。
マタイの福音書　六：六

毎朝静まって聖書を読んで祈り、聖書から語りかけられる神の言葉に耳を傾ける。短い時間ながらそれは実に霊の養いの時間となり良雄の生活に定着した。

会社が大きくなっても、良雄がこの祈りの時間を大切にし続けたことは、家庭や社内に祈りの部屋を設けたことからも伺うことが出来る。

そういう生活を見ていた子供達は「君のお父さんは何をする人」と聞かれると迷わず「お祈りする人」と答えたという。

その後、榎本と頻繁に会うことは難しかったが、手紙による連絡を取り合い、祈りの指導者として、親しく交わり、特別な関係を続けていた。

榎本の言葉や励ましには、神学や哲学をも超えた力強さがあり、聖書はこうやって読むのだと教えられる。それによって思いもよらない歩みへのヒントや気づきもたくさん与えられた。

その時、金田の言っていた言葉を思い出した。

ある時、人間には神でなければ満たすことができない領域があることに気づいた。それは霊の部分だ。ただ神によってのみ力を与えられ、神によってのみ希望を見出すことができる。いかに貧しく、苦しい現状の中にあろうとも「いつも、今この時も、神がここに共にいて、すべてをご存じである」という信仰を持つことだ。それに気づいて「感謝しようではないか」と言って夫婦二人で祈った。その時から私の信仰が変わったんだ。

金田も榎本も、霊の部分に神からの満たしを受けてこのようになったのだった。

その時、良雄も気づいた。人間だけではない、会社も同じではないか。ただ儲かるものを売って、次にもっと儲かりそうなものを売る。そうやってたくさん儲かったとしても、あるいは儲からなかったとしても、これでは霊の部分が空っぽの、幻を持たない民（箴言二九：一八）と同じではないか。会社にも人と同じようにたましいの部分があって、そこに力と生命が与えられるならきっと違った形になるに違いないと思った。

もし自分に商才があって、これを以て神に仕えよと言われるのであれば、これからは会

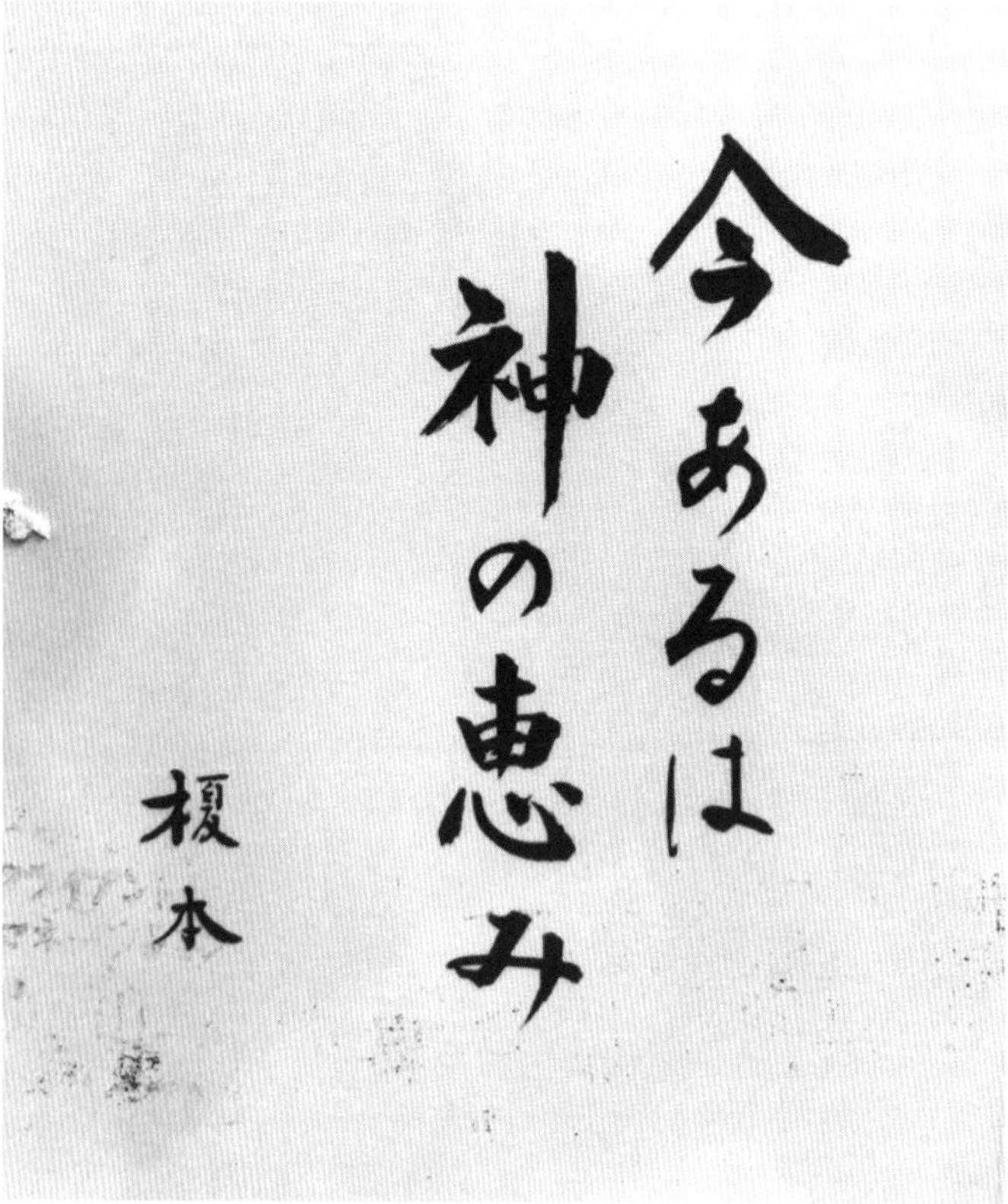

良雄の部屋に掛かる色紙。榎本牧師のもの。

社も神に捧げるものとして、ビジョンを持とうと決心した。

先ず、紫商会の名称を、明るくてスポーティーなイメージのカタカナに変え、法人格を取得して（株）ムラサキスポーツと改めた。何だかそれはキリストの香りがする名称のように感じられた。一九七三年のことである。

直近の目標を、瀬尾先生の言葉から、置かれたところでの一番を目指して、台東区一の納税法人にすることにした。

そしていつもお金の苦労をしながら、大いなる宣教の働きを展開している聖職者や団体を資金面で支えていく企業になろう。

牧師や伝道師がゴーイングミッションで、ギデオン（聖書をホテルや学生達に無料で配布する働きをする団体）がサイレントミッションなら、私はそれらを資金面で応援するセンディングミッションになろう。

これが祈りのうちに与えられた新しいビジョンだった。

まだ貧しくて、商売に光の見えない時であったが、良雄はまるで目の前にそれが実現した映像を見ているかのように心が満たされて、喜びがあふれてくるのを感じていた。

すがすがしい気持ちで、これまで導いてくれた金田と榎本に手紙を書いた。

金田は臨在信仰の重要さとすべてのことにいつも感謝する姿勢の大切さを良雄に教えた。ここまで神に忠実に生きることができるものかと思わせるほど、神に忠実に、あらゆる局面で「主よ、感謝します。アーメン」と祈り、どのような状況でも、どのような人にでも、神に仕えるように仕える姿を、実生活を通して見せてくれた。

榎本には何と言っても祈りの生活の大切さと忍耐、そして、そこにある大いなる祝福を教えられた。

良雄はそれに倣って、一日の初めに、あるいは何かを始めようとする前に、先ず、静まって祈り、聖書を開き、聖書から神の言葉を聞く。仕事についても、人間関係についても、上司や指導者に相談するように「在天の父よ」と呼びかけて、彼の最良のカウンセラーである神に答えを求めた。聖書の中からヒントが与えられると、確信を持って歩みを進めることが出来た。

二人の教えは、救いようもなく荒廃した心の闇の世界から、軌道を修正して脱出するための最大の助けだった。これを良雄は神からの二本のレールと称して大切にしていた。

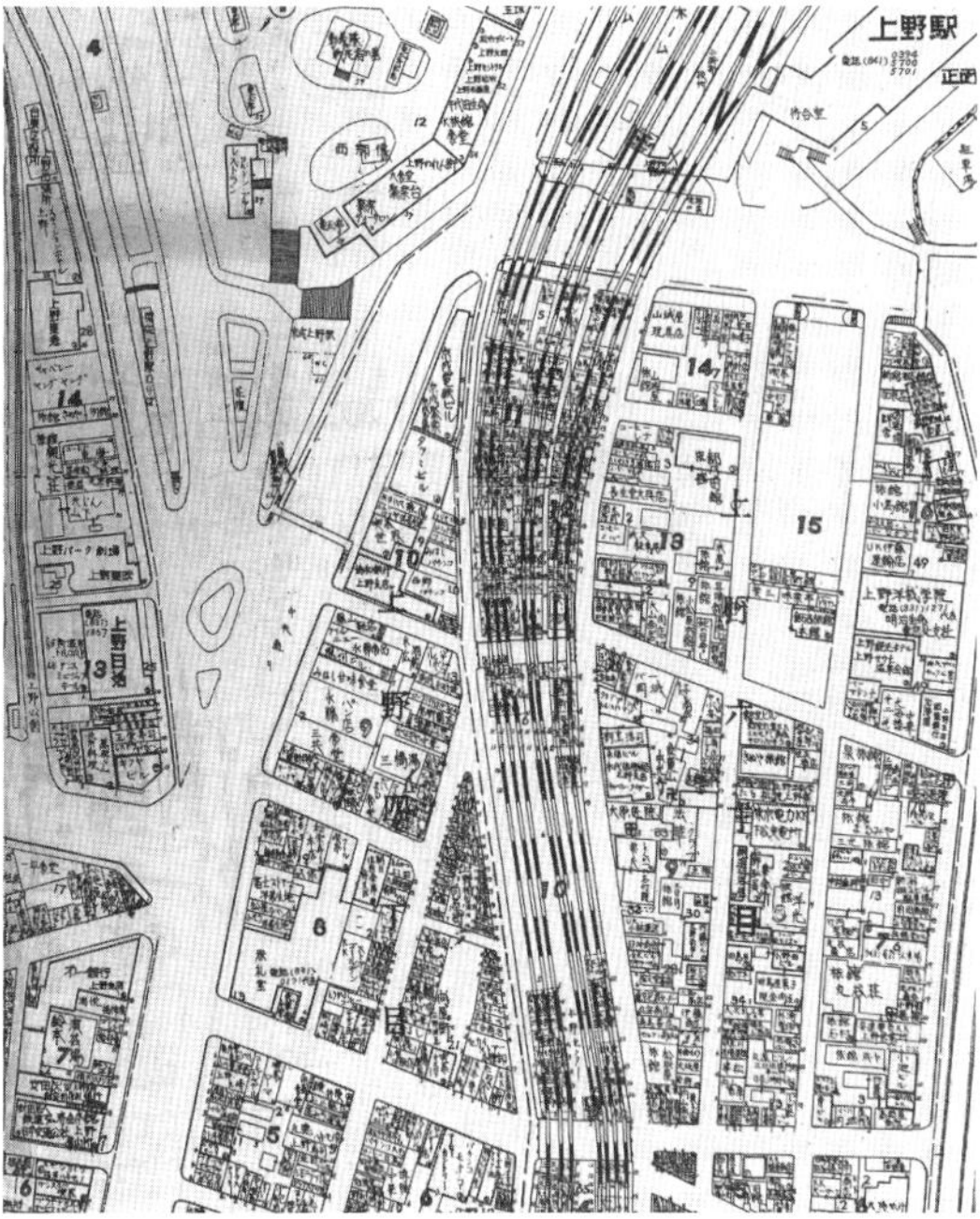

1971年度版全住宅案内地図帳を見ると…。

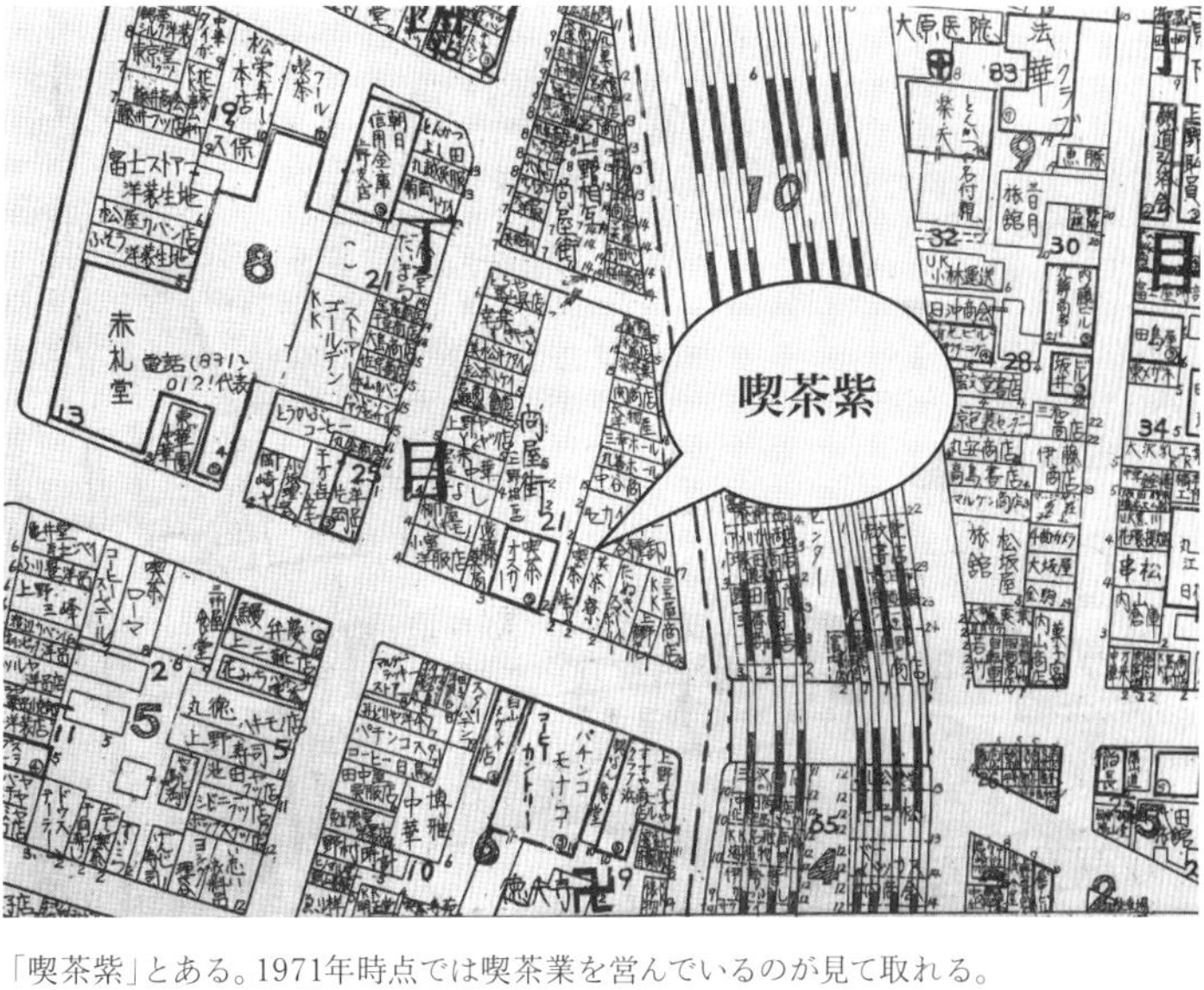

「喫茶紫」とある。1971年時点では喫茶業を営んでいるのが見て取れる。

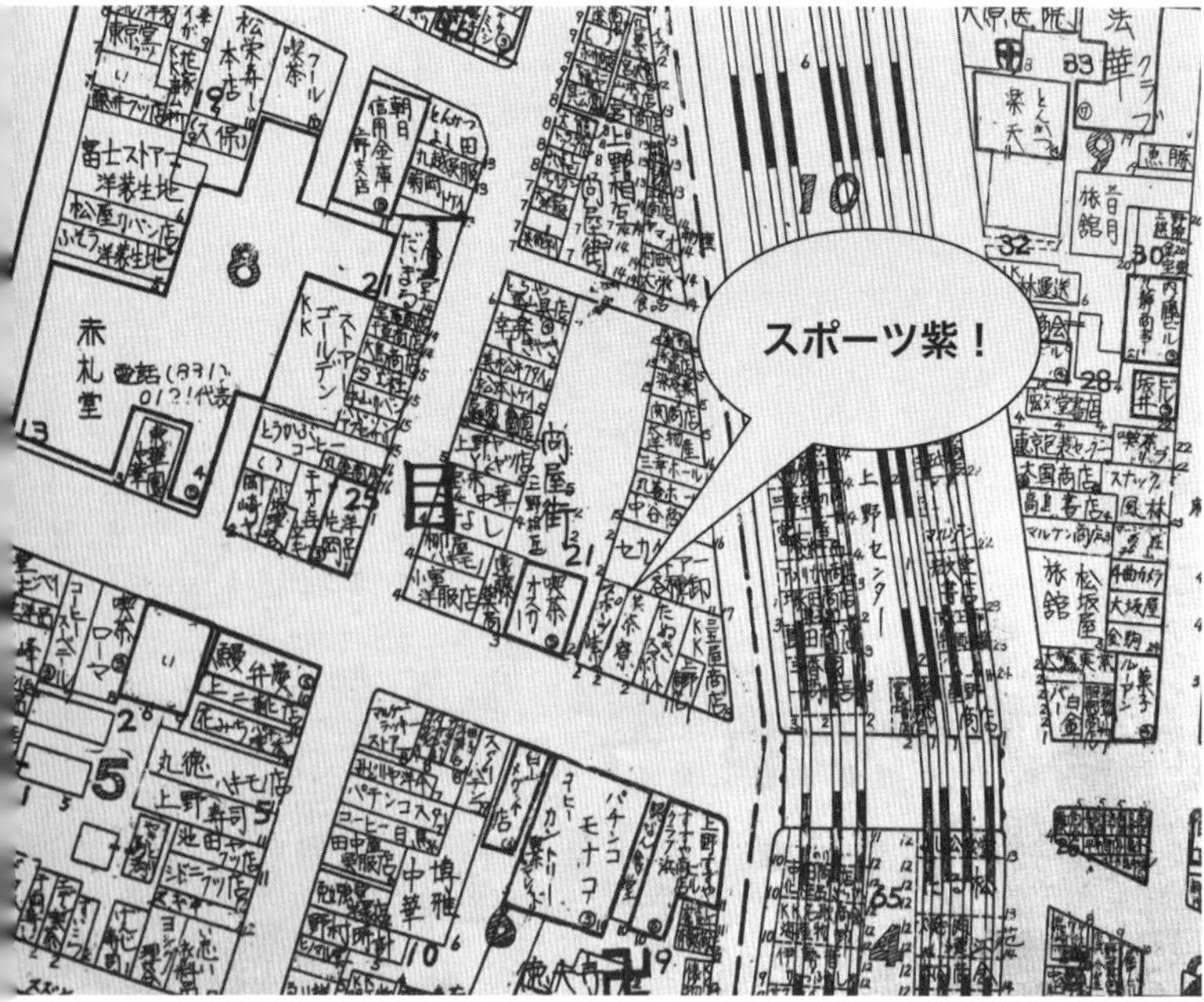

その後、1973年になると、そこには「スポーツ」の文字が！

この場所で「石ケン」が売られ、バナナが売られ、喫茶業が営まれた。
そして、現在に通ずる（株）ムラサキスポーツが発足したのは1973年6月13日のこと。
その第1号店舗がこちら。ムラサキスポーツ上野本店。（写真は1970年代後半）

ムラサキスポーツバンの前で。良雄も英子も子どもが大好き。(1982-3年)

ローラースケートもファミリーで。末っ子で五男の一善も小学生に。(四男太一はテニス合宿中)
(1982-3年頃)

教会での一幕。(1985年頃)

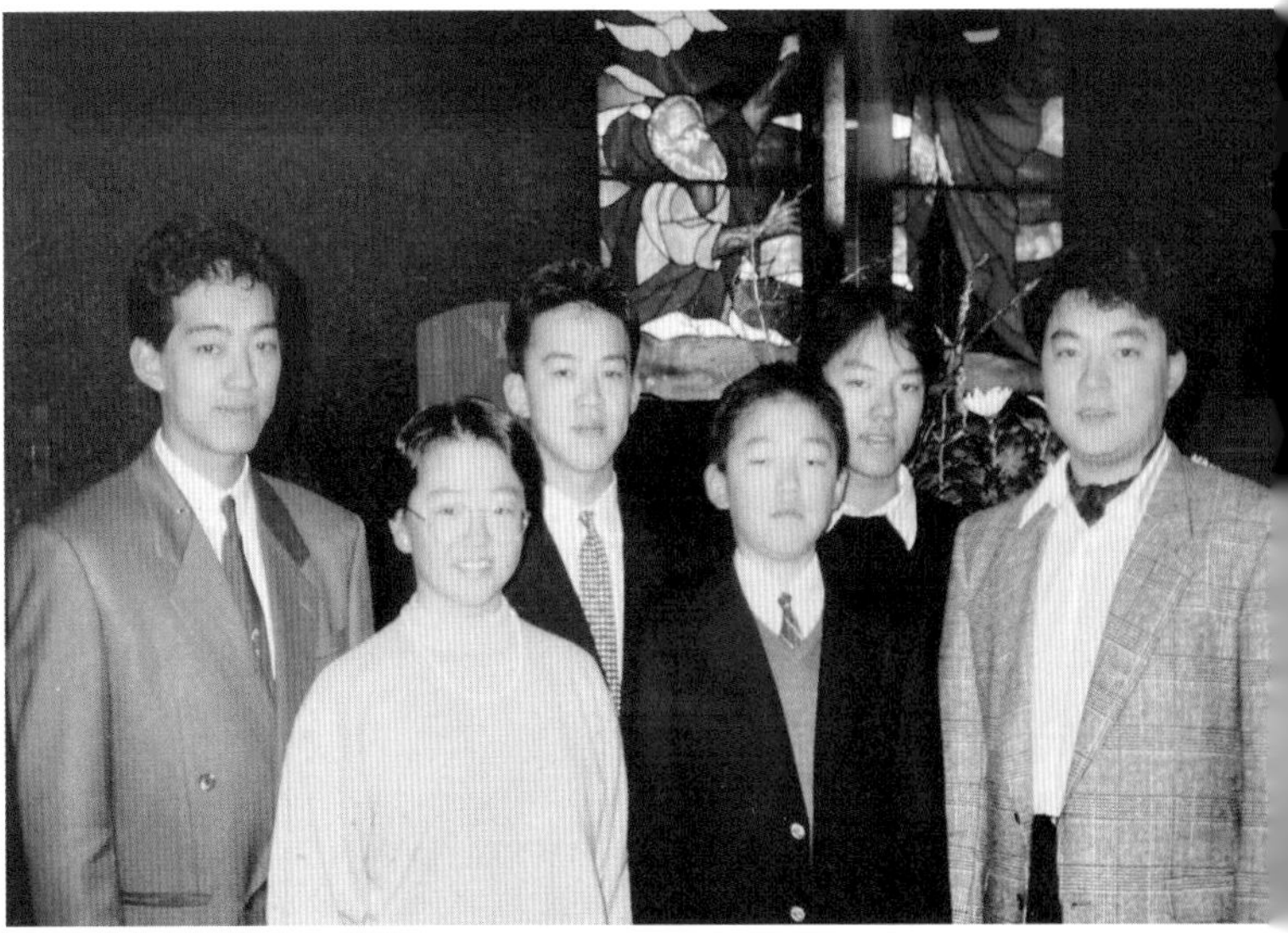

日本、韓国、アメリカ…活動の拠点は変わっても、元旦はみんなで教会に集まる。
これは金山家の伝統になった。(1987-8年)

そうしてみんな育っていった。もう一つ屋根の下には住んでいないが、
元旦が来れば必ず家族が顔をあわせる。（1999年元日）

良雄のちゃめっ気は、どこにいっても変わらない。（1990年頃）

九、時は満ちて

長谷川は姉を助けるためにと東京に戻って再び店に出たが、客が少ない、売れない、儲けが少ないという状態に変化はなかった。しかも、それは不安になるほど長く続いた。社名が（株）ムラサキスポーツと変わってもその状況に大きな変化はなかった。商売人にとってこれ以上ない辛くて長い試練の期間だった。

時間だけはたくさんあったので、父に言われたように社員教育に力を入れた。商品知識、取り扱い、接客マナー、心配り、言葉遣い、掃除の仕方、社員同士の付き合い方、礼儀作法、思いつくまま繰り返し丁寧に指導した。その時はそれが後のムラサキスポーツの土台となる等という思いはなかったが、長い歴史の中で考えると、あの時の社員教育は後の世代に受け継がれて、社風のようなものの基礎になっていると感じることがある。

また、社長はこの間にスキー指導員の資格を取ったり、水泳の指導員資格を取ったり、社員を連れて幾度となくスキーの体験をさせたりしていた。これも後の販売に欠かせない体験となって生かされることとなった。

そうこうしているうちに日本社会は団塊世代の時代を迎え、経済は徐々に動きが活発化し始めた。潮目が変わるという言葉があるが、まさにそれだった。

スポーツの世界ではスキーがブームとなり、週末ともなるとスキー場に向かう交通機関はどこも満員で、列車のホームはスキーを持った人であふれていた。店でも関連用品が飛ぶように売れ始めた。利益はそれほどでもなかったが、高額な商品でもあり、売上金額は急激に伸びていった。何と言っても店内にお客の数が増えたことが社員の意欲に繋がらないはずはなく、社内の雰囲気にも変化が感じられるようになった。

店内を慌ただしく動き回りながら長谷川は世の中の変化に目を見張っていた。これまでの、暇、お客がいない、将来が見えないという状況が一変した。

毎日忙しくて目が回る程繁盛していた同伴喫茶紫がある日突然暇になった。あんなに引きも切らなかった客足は嘘のように引いてしまった。あの時のことを思い出した。世の中は変わるのだ。今のことだけに目を向けてあたふたしていたのでは駄目だ。先を見る目を持つことが大切だと学んだ。

スキー旅行。右端のスタイリッシュな青年が長谷川。左端のモデル風紳士が良雄。(1972-3年)

理念にもある「スポーツの輪」が広がって、だんだんと人を繋げて行く。(1978-80年)

ここまで来るとスキー旅行も恒例行事に。(1978-80年)

あの時、社長は信仰を理由に水商売から手を引き、スポーツ用品店を始めた。始めてみると喫茶店の頃にも増して暇な日々が続いた。誰も口には出せなかったが、いつも「このまま続けて大丈夫だろうか」という不安をかかえて忍耐の時間を過ごしていた。ただ、社長の「祈って決めたことだから、神様が責任を持って下さる。心配ない」と、特に慌てる様子もなく、神に信頼している姿に支えられていた。さすがに年末の支払いを控えた時は「とにかく売れ。何でも売れ」と檄を飛ばした事もあったが、社長の神への信頼は揺らぐことがなかった。

ある時社長がこんなことを言っていた。

「私はこう言って祈っているんだよ。『お金の使い方も分からない世の中の人にお金儲けをさせるとろくな事にならない。私にお金を儲けさせて下さい。神様の喜ばれることに力一杯使います。あなたの栄光が表われるお金の使い方をします』ってね。だから大丈夫、慌てることはない。聖書にも書いてあるんだよ。『涙と共に種を蒔く者は、喜び叫びながら刈り取ろう。詩篇一二六：五』って。時が来れば必ず聞き入れられる。時が来たらねぇ、大きな大きな、びっくりするほど大きな実りが約束されてるんだよ。楽しみだろう」

「この人の祈りとはそういう祈りなのか」と驚かされた。社長と神との関係は、長谷川には理解しきれないところがあった。しかし、彼には現実にどんな時も神が味方についているらしく、尋常では計り知れない事が起きる。「この人は他の人とは違う。特別なんだ」と言う思いは長谷川だけでなく社員全員の中にいつもあった。

そのような時、社長から「問屋招待の香港旅行に私の代理で行ってくれないか」と声がかかった。「私は丁度用ができて行けないのだ」という事であったが、それが長谷川への配慮であることはすぐに分かった。

長谷川にとっては両親の祖国韓国へ行ったほかは、海外への旅行は初めての体験で、正直なところその心遣いはうれしかった。当時は問屋の時代と言われ、小売店よりも問屋の利益幅が大きかった事もあり、問屋からの接待は総じて豪華で、それは楽しみでもあった。

まだ中国返還前の香港カイタック（啓徳）空港は九龍島のヴィクトリア・ハーバーに面した国際空港で、飛行機は噂通りビル群すれすれを飛行しながら巧みに着陸した。

初めて見る香港は、何と言っても海と山の景色が美しい。海から山に向かって建てられたホテルや別荘と思われる白いビル群も景色をいっそう引き立てている。よく見ると、その間に少々不似合いな、古びて粗末な小屋のような建物が点在している。海には船上生活者がひしめいていて、市街地の道路にも粗末な小屋のような家がずっと軒を連ねて建ち並び、路上生活者があふれていた。栄養失調のせいか、お腹のふくらんだ子供達が観光客にお金をねだる姿も至る所で見られた。洗練された現在の香港とは少々異なる、まだ貧しい時代の景色だった。

街の至る所に人々があふれて、大きな声が行き交う。香港の狭い土地に共産主義を嫌った多くの中国人が移り住んで来たせいだとガイドが説明した。

街の食堂に入ると、人件費が安いせいか、多くの店員が働いていて活気がある。食堂ばかりではなく、どの商店でも店員の数が多い。狭い店内に上手く並べられた商品にお客が興味を示すと、さりげなく店員が近づいてくる。誰もかれも、生き生きとよく働いていている。

ホテルに帰ってレストランに行くと、そこでも多くの店員が働いていた。よく見ると街の食堂で働いていた店員がここでも働いているのに気づく。日本でも「もう少しスタッフがいれば売り上げが伸びるのに」という経験をしていた長谷川には、学ぶところが大きかった。安い賃金が香港の発展を支えていると聞いていたけれど、それは確かなことだろうと改めて感じさせられる。

長谷川は好奇心をかき立てられて、もしも言葉が通じていたら、いつものようにこの店ではどの位の人が働いていて、この時分までの売り上げがどのくらいあって、人件費はどのくらいで、粗利はどのくらいか聞いてみたいと思ったほどだった。

これは二泊三日の観光に過ぎなかったのだが、長谷川にとっては思いがけないところで目が開かれる学ぶところの多い旅行だった。ずっと後になってもこの経験は良い勉強の機会だったと記憶に残り、ムラサキの社員に機会を捉えて海外研修を働きかける源となった。

日本に帰ると正社員で仕入担当という辞令をもらい、これからは毎年定期昇給やボーナスもあると言われた。売り上げが上がったわけでも、景気が良くなったわけでもないのにそれは無理ではないかと思いながらも、何かとてもうれしかった。そして間もなく、社長から人生初のボーナスが支給された。開けてみて驚いた。その金額がびっくりするほど大金だったからだ。店の経理には誰よりも通じていた長谷川がそのままそれを喜んで受け取れるわけがなかった。

「社長、店がこの状況で、こんな大金、とてもいただけません」

「そんなこと言わずに受け取ってくれよ」

「いいえ、いずれ売り上げが伸びてきたらその時にはお願いします」

そんな押し問答の末、結局長谷川が良雄の意志を受け入れる形で収った。それにしてもこの現金を社長はどこから工面してきたのかと不思議だった。後になって、それが社長の生命保険を解約して捻出したものだったということが分かった。長谷川はその時のことを思い出す度に胸が熱くなり、このことは決して忘れてはならないと自分自身に言い聞かせた。

この少し後に飛び込んできたのがリーバイス社からの展示会招待状だった。直接担当者から「新製品を出すので是非見に来て欲しい」という誘いもあった。

日本でもジーンズはすでに珍しくなかったが、ブランドにこだわったりする対象ではなかった。リーバイス社が日本へ進出し、映画俳優、ジェームス・ディーンを起用した広告キャンペーンを大々的に展開し始め、これからはファッションジーンズの時代を迎えるという感触があった。

長谷川は初めての試みではあったが、リーバイスの新デザインを大量に仕入れることにした。ここまで高価なジーンズがどれだけ日本の若者に受け入れられるか分からなかったが、新しい風のようなものを感じていた。

それは丁度長谷川が休みで、不在の日に配送された。

大きな十トントラックが店の前に止まって段ボールが次々に下ろされた。

「こんなに大量の荷物、発注したのはだれだ。一体どこに保管するんだ」

社長は大声を上げた。社員は黙々と三階の倉庫へ運んだ。そこはそれだけでいっぱいになってしまうほどだった。

翌日、社長は長谷川を見るなり指さして言った。

「あの大量の荷物を発注したのは君か」

長谷川は自信をもって答えた。

「はい、そうです。大丈夫です。あれは売れます」

社長はじっと長谷川の顔を見て
「そうか、それならしっかりやりたまえ」

それだけ言うと行ってしまった。

それは長谷川の読み通り空前の大ヒット商品となった。

ブランド商品ブームの先駆けだった。

店頭に積まれたリーバイスのジーンズは出す度に待ち構えていたかのように売れた。あれだけ大量に仕入れた在庫はみるみる減っていった。

「リーバイスが欲しかったらムラサキ」とばかりに、方々から若者達がやって来た。中でも長谷川を喜ばせたのは、横浜からバイクでやって来て、何本も買って帰って行く若者達だった。

「ファッションの街横浜から、若者たちがやって来る」それは店の誇りでもあった。店は連日賑わって、あの香港の商店に負けないくらい活気に満ちあふれた。

長谷川はふと、社長が自信満々に「時が来れば必ず聞き入れて下さる。大きな大きな、びっくりするほど大きな実りが約束されてるんだよ。楽しみだろう」と言っていたあの「時」が来たのだろうかと思った。

このあたりからムラサキスポーツは取扱商品もローラースケート、スケートボードと種類を増やし、順調に売り上げを伸ばしていった。

社内では上野本店に続いて原宿店、そして上野ファッション館の計画も持ち上がり、誰も彼も希望と意欲に満ち溢れていた。

「良雄、もう駄目だ。まずいことになった。不渡りを出してホテルを明け渡すことになった。明日には債権者達がやって来る。しかし、私は立ち会えない。後のことはすべてお前に任せる。よろしく頼む」

突然兄の正雄から連絡があり、慌ただしく電話は切れた。

兄の経営している会社が倒産し、湯島のホテルが人手に渡ろうとしているというのだ。

それっきり正雄の行方はわからなくなってしまった。

良雄にとっては本業のムラサキスポーツが拡大し始めて忙しい最中の出来事だったが、長い間支えてくれた兄へ、何かしらの手助けが出来ないかと思案しながら翌朝早くホテルへ向かった。

そこにはすでに回収業者が来ていて、テレビやベッド等の備品を根こそぎ持ち出そうとしていた。

「待ってください」

良雄は思わず声をかけてそれを制した。

そこに居合わせた三、四十人の業者を説得して、ホテルの広間に集まってもらった。

「私はこのホテルのオーナーの弟です。この度は皆様に大変ご迷惑をおかけして、誠に申し訳ございません。

皆様にお願いがあります。兄の責任を私に取らせてくれませんか。テレビやベッドを持ち出して売ったところで、いくらにもならないのではないでしょうか。このままホテルの経営を続けさせてください。そして、一年間だけ待ってください。そうすれば兄の債務は必ず私が責任を持って返済します。お願いします」

彼らは予想外の展開に驚いた様子だった。

少し考え、協議の結果良雄を信じて一年間待とう、ということになった。回収寸前だった備品を元に戻して業者は引き上げて行った。

湯島天神に隣接するという好立地で、設備も充分なホテルだった。一年間待ってくれさえすれば返済できる自信があった。

実際に、この件に関してはこれまで通り営業を続けて利益を上げ、債権者への返済も約束通り実施できた。

その後、兄は元気を取り戻して、再び商いに励んだことは言うまでもない。

八十二才で世を去るまで二人は仲の良い兄弟として交流を続けた。

思えば良雄がピンチの時、いつも正雄が手を差し延べてくれた。済州島から日本へ戻って来た時、在日を拒否しない学校を探して入学させてくれた。在日には暮らしにくい東京での生活を支えてくれた。

母の死後、完全に狂っていたときも、何も言わずに寄り添ってくれた。結婚の時も、アメリカに逃げ出したときも、父親のように黙って見守り支えてくれた。喫茶店を始めるときも、紫商会を始めたときも、兄の支援がなければ立ちゆかなかった。ムラサキスポーツが軌道に乗って来た時は、「会社のビルが必要だろう。俺のビルを七千万円で譲ってやろう」と持ちかけてくれた。

兄から提案された金額は相場からすると超特価だったが、そうやすやすと準備できる金額ではなかった。それでも何としても欲しくて、毎日、売上金を銀行に入金しに行ったものだった。入金しては通帳を眺めたが、頭金はなかなか増えなかった。しかし、北陸銀行の支店長が話を聞いて「融資しましょう」と言ってくれ、本店のビルを譲ってもらったのだった。

話はそれるが、北陸銀行と言えば兄と並んでムラサキスポーツの発展を支えてくれた大きな存在だった。

兄から譲り受けたビルの向かいに、現在の上野本店ビルがあった。このビルを敷地ごと買う必要が発生した。喉から手が出るほど欲しかったが、当時の価格にして十五、六億円が提示された。まだ売り上げもわずかで、小さな会社に過ぎないムラサキスポーツには及びもつかない金額だった。しかし、この時も北陸銀行が融資を申し出て購入する事が出来た。それはもう信じられない出来事だった。ビルを手に入れると、これを担保に借り入れが可能となり、大きな商いが出来るようになり、会社は大胆な発展の道をたどり始めた。

この少し前の一九八五年、ムラサキスポーツは良雄の強い要望で大手スポーツ店がひしめく神田に出店を決めた。業界からは「どの位持ちこたえることが出来るやら」と噂されたものだった。

しかし、長谷川はただ一人「大丈夫、これは絶対成功します。当たる。この店はムラサキにとってドル箱になります」と公言して良雄を励ましていた。

神田店が完成して、オープニングセレモニーでは北陸銀行の成戸支店長が挨拶で前に立った。一通りの祝辞の後、良雄の子供達を招いて前に並ばせて言った。

「皆さん、ムラサキスポーツのお子さん達がここに並びました。ムラサキスポーツは親父さんに続いて子供達もやります。ですから、問屋さん、メーカーさん、ムラサキスポーツに惜しみなく品物を入れて下さい。支払は私どもが責任を持って行います」

この銀行の発言には参加した誰もが驚いた。

そして神田店は長谷川の読み通り大成功を収め、この後のムラサキスポーツ拡大の大きな布石となってゆく。

良雄は後に、一連の融資を決めてくれたという北陸銀行の久保田氏を富山に訪ねたことがあった。自分のような何の実績もない者に、何を根拠にこのような融資の判断をされたのか知りたいと思ったのだった。

彼は北陸銀行の重役で、良雄の訪問を心から歓迎してくれた。


思い出しますね。あなたは上野支店の窓口が閉まったあと裏口から入って来られて、成戸支店長に「スポーツの業界に身を置く人たちにとって、神田は特別なところ。あそこに店を出すというのが私の夢だったんだ。丁度いい物件が見つかった。何とか二週間以内に融資してくれないか」と掛け合ったのでしたね。その金額がムラサキスポーツの年商を超える額で、担保もないときてる。さすがの成戸さんも大いに困って私のところへ話がまわってきたのでした。

北陸銀行上野支店が出来たのが一九四九年です。その時の支店長が私だったわけですが、金山さんはその頃からのお客様。雨の日も雪の日も三万円、五万円と毎日売上金を入金されていた姿を思い出します。あなたの誠実なお人柄に打たれたのは、その時が最初です。

御社神田店融資のために、こちらでも可能な限り事前の調査を行いました。大型スポーツ店が数ある神田でムラサキスポーツが戦っていけるのか。またムラサキスポーツは当行に口座を持っているが社長個人の口座が開設されていないのはなぜか。時間が限られていましたので、成戸さんや高瀬次長が奔走しました。

一つめの課題はすでに勝算ありと出ていました。神田にスポーツ店は多いが、顧客は店を巡って見比べて買っている。ムラサキスポーツの接客姿勢、専門知識の幅広さを知る高瀬さんから、彼らならいけそうだとの報告書が提出されました。

一方、成戸さんは金山社長のお宅を訪問して個人口座の話をされましたでしょう。この時が初めての訪問だったらしく、まずお宅についてびっくりしたのは敷地内に教会があったことだそうです。こちらでお子さんや近所の子供さんたちが集まって光の子会という教会学校をやっておられたそうですね。奥様の美しい歌声に誘われて何人かの大人も参加されていたそうで。

私がカトリックの信者であることは以前にお話ししましたね。彼もクリスチャンではありませんが、学生の頃教会学校に通っていて、英語の勉強も教会でしたとかで、教会とは何かと馴染みがあったらしいです。

お宅で個人の預金口座の話を切り出すと、「私個人の預金通帳はこれでしょうか」と社長が奥から当行の手帳数冊を持ってこられて「預金なんてことは考えたこともありませんでした」と言われたそうですね。

手帳のカレンダーにはまさに預金通帳さながら、びっしりと数字が書き込まれていて、そこには○○に献金△円、○○に寄付△円、○○に△円支援というもので、本当に驚いたそうです。それを見た彼は、それ以上言葉が出なかったと言っていましたが、彼の報告を聞いた私も、言葉に詰まってしまった。聖書に「天に宝を積む」という言葉がありますが、それを思い出しました。あなたのお人柄はよく知っていたつもりですが、それを塗り替える出来事でした。あの時の感動は今でも鮮明に覚えています。

短い時間でしたがこういう印象的なことが重なって、私どもとしてもあなたの会社を応援すると決めたのでした。

挨拶に立つ良雄（壇上グレーのスーツ姿）と、これから始まる商戦を想ってか
緊張の面持ちの長谷川（左端）。上野、原宿に続く神田出店の裏側には、
人間の思惑を遥かに超えた感動のドラマがあった。（1985年夏）

「それにしても神田店の進出は大成功でしたね。私どもも大喜びしましたよ。いや、本当になつかしい。」

銀行が企業を育てるという話は聞いたことがあるが、まさにそれであった。こんな弱小企業に目を留めて、信頼して融資を決め、成長に合わせて相談に乗ってくれる。それは企業にとって計り知れない大きな後ろ盾だった。

兄の正雄とこの北陸銀行がなかったら今の良雄も、ムラサキスポーツもなかった。兄の商いの才能は誰も及ばず、収入も計り知れなかったが、実に生きたお金の使い方をする人で、傍らにいるだけで大いに学ばされた。商人はただケチケチしてばかりでは大きな商いが出来ない。お金の使い方が上手くなければ成功しないという兄の経営哲学が自然に良雄の体にもしみついていた。兄は良雄の経営哲学の原点だった。

兄に助けられたのは良雄ばかりではなく、人知れず助けの手を差し出す人であった。その優しい性格、たたずまい、風貌は誰の目にも魅力的で、彼を知る誰一人からも彼の悪口を聞いたことがない。しかし、良雄が一番気になっていたのは最期まで教会に行ったという話を聞かなかったことだった。

八十二才で迎えた最期はわずか四日間の入院で、家族から「まるで神に守られているかのように静かに息を引き取った」という報告を受けた。

いつかはやって来る別れではあったが、もう会えないと思うと体中が空洞になるような寂しさを覚えた。誰よりも平安と喜びの道を歩んで欲しいと願った兄に良雄は何もできなかった。生きている間に出来た恩返しは、あのホテル奪還の一件くらいだった。

これから兄はどうなるのだろうか。

母の死では取り乱して泣き続けた良雄だったが、賛美歌を歌いながら死んでいった母の行き先には心の内に確信があった。

聖書には

人間には、一度死ぬことと死後のさばきを受けることが定まっている。
ヘブル人への手紙　九：二七

と書かれている。

母は幼い頃からこの話を我々兄弟によく話してくれていた。また子供達がしっかりした信仰を持つようにと毎日祈ってくれてもいた。この熱心な母の祈りが神にきき入れられないはずがない。兄は良雄の知らないところで信仰を持ち、神はその入院生活を短く設定されたのだろうか。

この後、兄はその名を呼ばれて裁きの座に座らされ、その生涯の行いに従って裁かれることになるだろう。

中央の白い神の御座の右にはキリストが、左にはサタンが座り、サタンが彼の生きている間に犯した罪の数々を上げ連ね「永遠の滅び、火と硫黄の黄泉へ下るほかない」と激しく糾弾する。

しかし、もし兄が、キリストの十字架を受け入れていたなら、その時、キリストが「彼の罪は全く許されている。その罪はすでにわたしの死をもってあがなわれている。見よ、いのちの書に彼の名が記されている。彼の国籍は天にある」と弁護してくれる。それは自分の時も同じだ。最後の審判の場で罪に汚れていた者が、キリストの身代わりの十字架によって罪のない者と認定される。

そうして彼は天の国に迎え入れられる。そこでは先に入った母や父にも会えるだろう。そこにはもはや死もなく、苦しみもなく、罪の誘惑もないというから、不安や薬や点滴のチューブにつながれることもなく、孤独に泣くこともない。

今となってはもうどうすることも出来ないが、兄の最期がここまで静かで、穏やかであったのは神の恵みの故だったのかも知れない。何よりの望みは、神が無視されるはずがないあの母の祈りだった。

その後、兄の子供達から晩年の様子を聞いた。

晩年の兄はアルコールからも遠ざかり、静かで穏やかな日々を過ごし「やりたいことはすべてやった。思い残すことなど何もない。満足な人生だった。親しい友は皆すでに世を去り、私も早く彼らと一緒に人生の終わりを迎えたい」と常々話していたそうだ。父の最期とよく似ていると思った。兄は人生の最後の準備をすでに済ませていたのだ。最愛の兄と天においても再会できるに違いない。これは良雄にとって大きな慰めだった。

日本の経済発展はめざましく、レジャー分野への消費も急拡大していた。地味で無色だったスポーツの世界も、しだいにファッショナブルでまばゆいばかりの色彩を帯びた世

深い魅力を持った、人間的にも本当に大きな存在。それが兄正雄であった。

界へと変化しつつあった。

ムラサキスポーツも、商いに天才的なひらめきと信仰による人間愛を合わせ持つ良雄、それを助ける大胆でありながら繊細で明晰な経営哲学に立つ長谷川、絶妙な組み合わせで着実に発展をとげていた。

良雄は長谷川からの香港体験をもとに「社員に海外研修をさせて海外の市場から学ばせるべき」という提案を受け入れ、当時ではまだ珍しかった社員の海外研修実施を始めた。出費は大きかったが、これは実に良い提案で、想像以上の効果を生み出す結果となった。

社員も実際にスポーツを愛し、ムラサキの商品を愛用し、品質の善し悪しに目が利く人材が増えていたこともあり、海外研修を経ると、彼らの手による小規模ブランドとの取引や、海外買い付けが出来るようになった。また、海外の店舗展開にヒントを得て、単独店舗ばかりではなくショッピングモール展開も始めた。

原宿店がオープンして、スケートボード、ローラースケート等の販売を始めると売れ筋はこれまでのスキー中心から横乗りと呼ばれるサーフボード、スノーボードへと変化し、オリジナルのサーフボード販売にまで広がっていった。

店内の品揃えは自然と豊富になり、彩りも鮮やかになっていった。感性豊かな若い社員による洗練された店内は、顧客の満足度を大きく引き上げていた。この頃から業界内では「店作りのムラサキ」と称されるようになり、顧客数も格段に増えていった。

勢いづいた企画会議では初のムラサキスポーツイベント「ローラースケートユーザーズカップ」を企画、開催したり、オリジナルローラースケートをアイドルグループの光GENJIに提供したりして大きな話題となり、横乗りスポーツへの関心はいよいよ高まっていった。

海外研修からヒントを得て千葉パルコの屋上にスケートパークをオープンさせた。またファッションビルのテナントショップを川崎にオープンさせた。これを皮切りに全国展開していくイオングループと共に日本全国に店舗を広げ、更にロサンゼルス、韓国と海外まで広げていった。

バブル景気と言われた時期を過ぎてもなおその勢いは止まることなく、店舗数を増やしながら次のステップ、次の企画と手を伸ばし続けた。

社長の良雄も専務の長谷川も、成功するとうれしくて、失敗すると悔しくて、どっちにしても次に向かって挑戦する。それが楽しくてたまらない毎日だった。

1978年の開店より「ファッションのムラサキ」を代弁して来たムラサキスポーツ原宿店。その店先にはいつもの笑顔が。（雑誌「百万人の福音」1980年2月号より。撮影：小林恵）

接客中の良雄。他者に対する気遣い心遣い、共感力や優しさは、試練を経て神が良雄に与えた賜物なのかも知れない。（雑誌「百万人の福音」1980年2月号より。撮影：小林恵）

「専務、私は社長の座を退くことにした。今度は君が社長になってやってくれないか」

良雄六十七才、長谷川五十二才の時だった。

それは突然のことではなかった。ここのところ訪問する先々で社長は専務の長谷川を「彼は次期副社長です。よろしく頼みます」と紹介するのを常としていた。こうした中で長谷川は社長が次のステップに進もうとしている事を知らされていた。ところが実際には副社長ではなく社長という任命であった。

社長はいつも「失敗したっていい、君が信じるようにやったらいい。いざとなったら私が責任を持つ」というスタンスで長谷川に仕事を任せていた。それは長谷川だけではなく、どの社員に対しても同様だった。だからみんなその信頼を裏切らないようにと、よく勉強した。知恵と力を尽くして仕事に取り組んだ。それで大概は上手く行き、結果として確かな知識を身につけることが出来た。しかし今度は自分が社長となるというのだ。これからは社長の役割を自分が担うことになる。あの大きな器にならってみんなからの信頼と敬愛の情を集め、最終責任を担っていく。

二十三歳の時、姉を助けると思って東京に戻ってきた。戻ってきたからには人の三倍働いて一日も早く一人前になろう。誰にも負けない仕事をしようと思ってきた。今はそれを社長に認められたという喜びと緊張感がみなぎっていた。

「君なら大丈夫だ」社長はにっこり笑って言った。いつものように「君のやり方でやればいい」という穏やかな笑顔だった。


ＪＴＪ宣教神学校が三十周年を迎え、淀橋教会で記念礼拝を行うことになった。

かれこれ四十年ほど前、いのちのことば社の営業部長から「岸義紘という巡回伝道師が『諸教会に呼びかけて、朝から晩まで、一日中、飽きるまで遊べるソフトボール大会をやりたい』と言って、スポンサーを募集している」と岸義紘を紹介された。

岸は大変なスポーツマンで、水泳では国体神奈川県代表、マスターズでは二種目で日本記録を持つという。スポーツを愛してやまない良雄は出会ってすぐに意気投合した。ソフトボール大会をきっかけに、岸は月一回ムラサキスポーツの朝礼で社員の「人間性を養う」ことを目的としたメッセージを語ることになった。良雄のたっての希望であった。まだ上野店だけの時代で、社員は十二、三人の時代だった。それは店舗数が増えた現在も変わらず続けられている。

ある時、岸が通信制の神学校を作りたいと言い出した。

宣教なき神学は虚しく、神学なき宣教は危うい。日本のクリスチャン人口一%の壁を打ち破るために「誰でも・いつでも・どこでも」学べる通信制を併設する実践的な神学校が必要だ。しかも、それは、特定の教派に支配されない超教派で福音的でなければならない。律法主義的皮袋ではなく新しい皮袋を創造出来る指導者を育成する。また自発的献金は受け付けるが経済的自立を目指す。というものだった。

岸の心は燃えていて、幻（ビジョン、目標、未来像）に向かって輝いていた。

そう語っていたかと思うと、間もなくハワイの中野雄一郎、牧師で学者の兼松一二はじめ青年宣教大会で意気投合したそうそうたるメンバーを巻き込んで準備が進んでいった。

宣伝媒体も限られた時代で、資金も乏しいこの勇士達をクリスチャン新聞の編集部長の守部が応援した。

「聖書六十六巻全部が学べるＪＴＪ宣教神学校が開校」「だれでも、いつでも、どこでも学べる通信制のある神学校」

クリスチャン新聞の一面全部を使った記事を掲載した。それは一度だけではなく幾度か掲載され、多くのクリスチャンに発信したのだった。

心配していた準備資金はクリスチャン実業家の白上敏廣から「必要な額を全部献金するので知らせて欲しい」という申し出があり、全額が献金された。その後彼は「私は献金の申し出が受け入れられた後、感謝で胸がいっぱいになり、泣けてきました。新しい神学校の設立に協力が許されて、献金できる。クリスチャンビジネスマンとしてこんなうれしいことはありません」と語ったという。

岸は「奇跡がおこった。まさしく神様が働かれた。神学校の真の代表は神様だ。私たちは僕《しもべ》だ。奉仕者だ。イエスさまが教えて下さる学舎《まなびや》を日本に！ その名も Jesus to Japan！ ＪＴＪ宣教神学校は必ず躍進する」と神を賛美して喜んだ。

当時日本に神学校と名のつくものは、教会に属する小規模なものから学校法人規模のものまで合わせて百を超えるほどあった。どこも運営は楽ではなく、神学生の数も多くはなかった。

一九九〇年頃の事で、インターネットもスマホもない時代の話である。通信制といえばビデオテープかカセットテープの聴講となる。

こんな神学校がうまくいくだろうか。良雄は趣旨には賛同しながらも運営には内心懐疑的だった。

四月九日、準備万端で入学式を迎えた。熱い思いと理想に燃えた関係者はどんなに熱心に祈り、期待して待ち望んだ事か。

しかし、当日集まったのは学校関係者、友人を含めて十五人だけだった。みんな愕然とした。それなのに、岸は「わずかな教室生ですが、一人ひとりが輝いて、宝石のように見えます」と言って感謝したのだった。そして、二週間後の四月二十二日開校式の日を迎えた。

開会予定は午後四時であったが、三時頃からぽつぽつ人が集まり始め、次からつぎへと、途切れることなく集まってきた。

日曜日の午後のことで、各地からそれぞれの教会で礼拝を守った後、新幹線で、あるいは飛行機で、会場へとやって来たのであった。人数はどんどん、どんどん増え続け、やがて百人の会場は満杯になって、それでも途切れることなく増え続け、ついに百五十人近い人で埋め尽くされた。

関係者は一様に鳥肌の立つ思いで、ただただ「主よ、主よ」と神を崇めるばかりだった。

入学願書も四百通、五百通と一気に送られてきて、事務方は大混乱となった。

このようにしてスタートしたＪＴＪ宣教神学校は、岸の願い通り、世界でも例を見ない経済的自立をした神学校としての歩みを進めた。

当初は早稲田奉仕園のレンタルルームを借りて、近くのアパートからリヤカーでイスや書物などを運び込んでは授業を行っていた。

三年後、漸く下落合に半地下ではあったが、教室には充分なスペースの部屋を借りることが出来た。職員も、生徒も、喜びの声を上げながら引っ越しをした。

この時不動産屋の保証人になったのが良雄だった。運営はそう簡単ではないという思いはすっかり拭い去られ、神の心にかなった働きのパワーに圧倒されていた。誰も彼も、このまるで神が後押しされた様な現実を見て、驚き、畏れ、ひれ伏すほかはなく、同時に大きな励ましをもらっていた。良雄も例外ではなかった。

良雄には長い間〝親族、一族が集え、日本伝道のためになる教会を作りたい〟という願いがあった。ＪＴＪの成り立ちを間近に見て、今こそその時ではないかという思いがわき上がってきていた。

折しも、高田馬場駅近くのビル二階に貸し物件が出た。駅から一分の場所で、家賃は高額であったが、広くて、陽当たりが良くて、気持ちのいいスペースだった。ここをＪＴＪ宣教神学校と一緒に使ったらちょうどいい広さではないだろうか。すぐに岸に話をした。

「高田馬場に移りませんか」という提案はすぐに受け入れられ、実行された。同時に岸の協力を得て、念願の〝東京友愛キリスト教会〟が誕生した。後の上野の森キリスト教会の前身である。

一九九九年、上野にムラサキスポーツ本社ビルが完成した。これを機に、上野の森キリスト教会、ＪＴＪ宣教神学校が相次いで本社ビルへ入居した。

長い時間が過ぎた。今はそれぞれが互いに助け合いながら、その役割を果たしている。それを見るのは良雄の喜びだった。それぞれが、置かれたところで一番の働きをして今を迎えたという感謝の思いに満たされるのだった。

本社ビルの起工式。この式は、大勢の関係者が見守る中、JTJ宣教神学校の岸、中野、兼松牧師らの司式のもと、キリスト教式で行われた。(1999年)

十、ヨベルの希望

「ママ、元気にしてる。うん、こっちもね、みんな元気だよ。今日はね、真珠の合格発表があったんだよ。そう、琉球大学、合格してた。ありがとう。あの子も喜んでるよ」

次男の正一から久しぶりに弾んだ声の電話があった。

「そう、すごいじゃない。それはよかった。おめでとう」

英子は正一の元気そうな声を聞けたことが何よりもうれしかった。

十数年前に手の施しようがないほど精神的にも肉体的にも疲れ果てた正一を連れて沖縄を訪れたときのことを、英子は思い出していた。

双極性感情障害とアルコール障害という診断を受けて沖縄の病院を紹介された。長期の治療が必要と覚悟して同行した夫も自分も、息子以上に心身ともに疲労していた。

その頃の正一は、何をやっても思うように行かず、自暴自棄になって、次から次へと問題をおこしていた。時を選ばず飲酒しては酔っ払い、すぐに喧嘩を始める。ビール瓶を割って、それを振り回して、気が狂ったように相手を殴り、傷つける。血まみれになって倒れた相手を手加減せず足蹴にする。かわいい女性を見るとすぐに好きになってしまう。酒場で知り合った男の上手い話に乗せられては大金をだまし取られる。彼の問題はいつも飲酒にまつわる暴力と金、女性の問題だった。そしてそれらが原因で、ついには獄につながれるまでになってしまっていた。

良雄と英子は息子が不祥事を起こす度にあたふたと駆けつけては謝罪をしたり、補償したり、正気に戻った息子に意見をしたり、専門のカウンセラーに相談したりを繰り返してきた。しかし、すべてのことは虚しく、問題は絶えず繰り返された。どうすればいいのか。妙案があれば誰か教えて欲しい。家族はみんなで頭をかかえ、この子の取り扱いについてはお手上げ状態だった。

騒動を起こす度に人々は指さして言った。「親が駄目だから。育て方が悪いから」惨めで悲しかったが無理もない指摘だった。もし正一がいなかったら、こういう子供を持った親に向かって自分もそう言っていたかも知れない。こういう子供を抱えた家族の辛い苦しい思いを理解することは相当難しい事に違いなかった。

正一は幼い頃から気が優しくて、少し寂しがり屋で、スポーツ万能の活発な少年だった。端正な顔立ちと明るい性格が誰からも愛され、友達も多かった。学校の成績も兄弟の中では最も優秀だったと思う。

中学校からは明治学院大学の付属校へ進み、遠距離通学を理由に入寮していた。部活動では野球部に所属して、キャプテンとして活躍していた。この頃までは普通の男の子だった。

高校に進んでからは寮が廃止になり、一学年下の弟洋一と一緒に通学するようになった。ちょっとおかしいと感じ始めたのはこの頃からだった。

長男の元一が高校三年生、正一が高校一年生の時、韓国スキー国体に二人は選手として出場した。その時、正一は高記録を出し、サラエボオリンピック出場候補選手に選ばれた。その時のうれしそうで、誇らしげな顔は今でも忘れられない。

間もなく韓国での強化合宿に招待されて一人韓国へ出かけた。ところが何があったのかホテルで大げんかをして血だらけになって暴れたと、出場は取り消されてしまった。これが最初のつまずき経験だったと思う。

同じころ、家の外壁塗装工事をしていた時のことで、二階から降りてきた正一の様子がおかしかった。目が合ってもぼーっとしている。寝不足で疲れているのだろうかと首をかしげていると、近所の奥さんが駆け込んできた。

「ねえ、正ちゃんの様子、おかしくない」

彼女は返事も待たずに家に飛び込み、大声で正一と話しているかと思うと、パンパンとひっぱたく音がした。

「シンナーなんか子供の手の届くところに置いてちゃ駄目よ。こんなもの吸ってたら廃人になってしまうから」

そう言って正一から取り上げたシンナーの瓶を突き出した。置きっぱなしにしていた塗装業者の缶の中から抜き取って吸っていたのだという。この奥さんはご主人が学校の先生でこういうことに詳しいらしかった。

「塗装業者にシンナーを置きっぱなしにしないで持ち帰るように言わないとね」と厳しく言い渡された。帰り際にもう一度正一の方を見て、

「もう二度と吸っちゃ駄目よ。頭が馬鹿になって、歯が溶けて、歯抜けの間抜け顔になって、真っ直ぐ歩けなくなって、見えもしないものが見える、俺の悪口を言っている、俺を襲ってくる、なんてことを言い出すようになるよ。絶対やめなさい」

と言って帰って行った。

あの時は驚いた。英子は何も知らなかった。それっきり正一はシンナーへの興味はなくなったとばかり思っていた。ところがそうではなかった。今となっては、そもそもシンナーを吸ったのはあの時が初めてだったかどうかさえ疑わしい。

その頃非行に走る子供と言えば、シンナー、暴走族、茶髪、そり込み、ボンタンズボンが定番だった。

正一は間もなくパーマをかけ、そり込みを入れ、太いズボンをはき、無免許でバイクを乗り回し、たばこの煙でいっぱいの部屋で暴走族仲間とたむろし、学校に行かなくなった。ちょっと油断していると部屋に女の子を連れ込んで泊めたりもしていた。

その頃良雄はまだ家ではアルコールを断ち切れないでいて、飲めばまったくの別人格になって暴れていた。普段は家族思いで優しい夫が、アルコールが入ったとたん、彼の中に潜んでいた悪魔が姿を現す。大声で他人の悪口を言い始める。たしなめようものなら暴力が始まる。英子は何度も離婚を考えたけれど、子供達のことを考えるとそれは難しいと諦めていた。夫のこれは病気だから仕方がないと考えることにしていた。せめて子供達には悪魔に乗っ取られたかのごとき夫の姿を見せたくない。そう考えて、夫が帰ってくるとすぐに「おやすみなさい」の挨拶をさせて寝室に送り出していた。

ところが正一は部屋に戻ろうとしないのだった。

正義感の強い、やさしい子だったから「みんなの知らないときに父が母を虐待している。助けなければ」とでも思ったのかも知れない。

とにかくこの子は要領のよくない子で「ああ、今そんなことをするとまずい」ということを進んでやってはは始終父親に叱られてばかりいた。

あの時も彼が一人リビングに残って、お酒を飲み始めた父をじっとにらんでいた。

「何だ、その目は。その反抗的な態度は何だ。何か言いたいことでもあるのか」

「何だ、お前のその格好は。お前はそれがかっこいいとでも思っているのか」

夫の暴言はエスカレートしてこのままだと暴力に発展してしまうと思ったとき、逆に正一の方が夫に殴りかかった。夫の怒りは頂点に達してしまった。

「このくそったれが、お前みたいなやつはこの家から出て行け。もう帰って来るな」

「おお、出て行ってやる」

英子は「やめて、やめて」と間に入りながら泣き出してしまった。

売り言葉に買い言葉とばかりに、そう言い放ち、正一はさっさと玄関に向かって出て行ってしまった。

「だめよ、正ちゃん、やめて。すぐ帰って来るのよ」

「ママ、心配しないでいいよ。大丈夫だから」

追いかけた英子にそう言うと暗闇の中に消えて行った。もう夫と同じくらいの背丈になった正一は、自分が思っているような子供ではなくなっているのだと思った。

正一は一、二週間で帰ってきたけれど、これを境にワルに磨きがかかってきた。たまに学校に行くと相手構わず喧嘩する。すぐに殴り合って相手を立ち上がれないほどたたきのめす。仲裁に入った先生を殴る。女の子を追いかけ回す。バイクを盗んで乗り回す。どんどんエスカレートしてもう手がつけられない程だった。

「正ちゃんったら、どうしてあんなに喧嘩ばかりするのかしら」

英子がほとほと困ってつぶやくと元一が言った。

「怖いんだって、前に言ってた。やらないとやられるからって」

あんなに凶暴なのはあの子の弱さから来ていると知らされた。

元一は高校を卒業するとスキーの名門コロラド大学へ留学した。それを追いかけるように正一も同じコロラドの山の方にあるハイスクールへスキー留学をした。

元一に続いて連日騒動を繰り返していた正一がいなくなると拍子抜けするほど静かになった。

時々元一から正一が遊びに来たという連絡があった。

言葉が分からないところで厳しいスキーの訓練が続いて寂しかったのか、元一の所で、日本人の友人達と一緒に過ごすのを楽しみにしていたようだった。

夫は高校生なんだから言葉はすぐに覚えられると高を括っていた。しかし、実際はそう簡単ではなかったらしく、ある日見ず知らずの日本人から手紙が届いた。

「お宅のお子さんは現在キャンピングカーで生活をしている。もっと語学をしっかり身につけてから留学をさせないと、学校の勉強もスキーの訓練も友達作りに関しても困難を極めている。一度帰国して語学の勉強をさせてから再度渡米させるべきではないか」といった内容だった。

夫は忠告に従って迎えに行った。本人の責任とはいえ、韓国に続いてこの時も、志半ばで帰らざるを得なかった正一を、不憫《ふびん》な思いで迎えた。

日本に戻って、東洋大学に入ってからは以前より少し落ち着いた生活に戻ったものの、酒を飲むと問題を起こすことに変わりはなかった。

彼が一番輝いていたのは卒業後ムラサキスポーツに入社し、マーケティングの仕事に就いた時だった。

ちょうど彼が企画した商品が爆発的に売れていた時で、他にも彼が担当した企画は当たり続けた。彼の時代を先取りする目は大いに評価され、幕張メッセでの販売イベントやTVコマーシャルは大成功を収めた。

この時は夫もうれしそうで「正一の感覚は日本人離れしていて新しい」とか、「先を見る目がある」と、最大限の賛辞を惜しまなかった。正一が夫にこんなに認められたのはこの時が初めてかも知れない。正一もうれしそうだった。

いつも楽しそうで外車に女の子を乗せて遊び回ったり、相変わらず度を超えた飲酒をしたりしていたが、問題になるようなことはなかった。

しかしそれも長くは続かず、有頂天になり、態度が傲慢になり、言葉遣いが粗暴になり、次第に社員からも怖がられるようになっていった。

別会社を作って仕事を始めたりもしたが、社員が一緒に仕事をするのを嫌ったため、それは成立せず、今度はプロゴルファーになりたいといってオーストラリアへ渡った。もうこの頃から彼が日の目を見る事はなくなってしまった。

結婚して子供も授かったが破綻し、ますます生活は乱れ、警察のお世話になることも常態化していた。

始終「お金をくれ」とせがむので怒った良雄に「お前にやる金はない。自分で働け」と言われ、怒って家に帰って来るなり、大声を上げながらバットで窓ガラスを割って回り、英子や妹の一恵を震え上がらせた事もあった。

そう、そう、彼の特筆すべき功績が一つあった。オーストラリアから帰って本社ビルを見た時、正一が言ったのだ。

「こんなに大きなビルで、空きスペースがもったいない。学校に行けない子供達のために使えたらいいのに」

昔から子供が好きで、孤児院をつくりたい等と言っていたこともあったが、この時は過去の自分を重ねていたのだろうか。それを上野の森教会の重田牧師に話したことで思いがけず実現の方向に動いた。

かねてより不登校の子供達を助けたいという思いを抱いていた重田牧師が、正一の相談を受けるなり、すぐにフリースクール設立のために動き出した。まだフリースクールという就学形態が一般にあまり知られていない頃の事で、何もかも手探り状態のスタートだった。手続から人材、資金の調達に至るまであらゆる人脈を駆使してついに恵友学園を創設した。正一も重田牧師といっしょに動きまわりながら、この時も楽しそうだった。ムラサキスポーツが資金援助して、ついにフリースクール恵友学園が誕生した。そこで正一も体育の指導員として働き始めた。毎日子供達と交流して、生き生きしていた。

この時は正一にも良い助け手さえいればよい働きができると誰もが思ったものだった。

一方、良雄の方は社長の座を譲り、アルコールともすっかり縁を切り、平穏な家庭生活が送れるようになっていた。

正一の問題はいつも家族を巻き込んで悩みの種となり、家族全員で長く苦しんできたが、今回ようやく病名がついて治療が始まるという知らせは、何か肩の荷が下ろされた気がした。

沖縄の病院を訪ねて治療方針を聞いた後、三人で丘の上に立って海を眺めた。

よく晴れた青い空と、どこまでも続く美しい海の景色が心のずうっと、ずうっと奥深くにまで広がって、言いようのない深い慰めと安心感に涙が溢れてきた。三人とも「きれいだね」と言ったきり、美しい景色に見とれて眺めていた。

「本当にいいところだね。僕はここにずっと住みたい」

正一の言葉が少年のように素直で、長い間苦労して、つらい人生を歩ませたことに心が痛んだ。確かにこんな所で暮らせば何かが変わるかも知れないという気がしてきた。

その夜、英子と良雄は聖書を開いて祈りの時間を持った。

そのため私は高ぶることがないようにと、肉体に一つのとげを与えられました。それは私が高ぶることのないように、私を打つための、サタンの使いです。このことについては、これを私から去らせて下さるようにと三度も主に願いました。しかし、主は「わたしの恵みは、あなたに充分である。というのは、わたしの力は、弱さのうちに完全に現れるからである」と言われたのです。ですから、私は、キリストの力が私をおおうために、むしろ大いに喜んで私の弱さを誇りましょう。ですから、私は、キリストのために、弱さ、侮辱、苦痛、迫害、困難に甘んじています。なぜなら、私が弱いときにこそ、私は強いからです。

コリント人への第二の手紙　一二：七〜九

良雄はこの時、しみじみと言った。

「正一は私によく似ている。彼の苦しみは私の苦しみと同じだ。私の祖父も、父も、同じ苦しみを抱えていた。私はこれを、聖書にあるパウロのトゲだと思っている」

新約聖書の著者の一人であり、異邦人伝道の祖とも言われるあの大伝道者パウロは、その肉体にトゲが与えられていて、いつもそれに悩まされていた。それは目の病気だとか、偏頭痛、てんかん、マラリアだと、諸説あるけれど、実のところ何であるかは分からない。いや、それが問題なのではない。パウロは「これを取り除いて下さい」と神に三度祈り求めたと言うのだ。しかし神は「わたしの恵みはあなたに十分である」と言われ、聞き入れてはもらえなかった。しかも、神は「高ぶることがないように」という理由で、そのトゲをパウロに与えることを許されたと言うのだ。それでパウロは「私は、(弱さのうちに完全に現れるという)キリストの力が私をおおうために、むしろ大いに喜んで私の弱さを誇りましょう」と言っている。

確かに神は、私に与えられたこの忌々しいトゲを通して私に出会い、豊かな恵みを示してくださった。トゲは憎いがそれを通して神は私の目を開いて下さったのだ。長い戦いだったが、もはやあの苦しみは過去のものになった。このすがすがしさ、他人には到底理解してもらえない、言いようのない開放感。今度は正一のトゲを、ともに負っていこう。今や彼のトゲも抜かれんばかりになっているではないか。感謝しよう。すべてのことを感謝しよう。

神さまが許可されて与えられたものであるなら、たとえそれが苦しみの種や争いの原因であったとしても、必ず良いものに変えられて、取り除かれると信じて。金田先生がされたように、我々もこのことを感謝しようではないか。

英子はこの言葉に胸が詰まった。そのトゲを負った夫と共に歩いてきた。その只中では、苦しいとか、死にたいとか、そんな表現では到底表せない道のりだった。しかし、今やそれは過去のものになった。神に感謝を捧げる夫の姿に、英子の内にも感謝が溢れた。

良雄は全国各地、あるいは海外からも、キリスト教集会の講師として呼ばれたり、証詞（クリスチャンとしての体験談の分かち合い）の依頼を受けたりして登壇しているが、その中では必ず正一の話をした。英子としては内心、そのことには触れないで欲しいという思いがあった。けれど、夫は金田先生の未信者時代の話や、榎本先生の「私は殺人者だ」という話に触れて救われた経験から、正一の事が同じ悩みを持つ人々に用いられるかも知

日本のビリー・グラハムと呼ばれ世界でも活躍した本田弘慈牧師と。
良雄の交友関係は本当に幅広い。（写真は1990年頃）

れないと思って語っているようだった。

夫が二本のレールを見出して、泥沼から軌道修正をして這い出したように、きっと正一には正一のためのレールが備えられているに違いない。彼にもこの地で、目や耳を澄ませてそれを見出してほしい。与えられた人生を良いものとして謳歌して欲しいと心から願った。


沖縄で生活を始めた正一のもとに、思いがけない訪問者があった。

その頃、正一は寂しさからか、フェイスブックを始めたようで、これを見て裕美という韓国人女性から連絡があった。

正一は驚いた。そして、孤独な生活に花が咲いたような気がしたと、とても喜んでいた。

韓国では女優をしていたという裕美とは、麻布十番の飲食店で知り合い、十年程前一緒にくらしていた事があった。その時に彼女は妊娠して、正一と別れた後、女児を出産していた。

「真珠っていうの。十歳になるのよ」

フェイスブックで初めて我が子の写真を見た正一は、会いたいと思ったようで、間もなく裕美と真珠が正一を訪ねて沖縄にやって来た。それから二人はよりを戻して、親子三人でくらすようになった。

孫の真珠も、そんな中で大学受験をするまでに成長した。これは大きな恵みだった。もしかすると裕美と真珠こそ正一のための二本のレールなのかも知れない。

この年の八月、良雄は九十歳の誕生日を迎えた。

親しい身内が集まって祝いの席を設けてくれた。誰もが笑顔で、愛する孫達から「じじ、おめでとう」と言われてハグされると、思わず顔がほころぶ。

席に備えられたグラスにシャンパンが注がれて乾杯をした。久しぶりに飲む酒が全身にしみわたり、思わず「うまい」と声に出して、立て続けに四、五杯を飲み干した。

「あなた、もうやめた方がいいわ」

英子が手際よくグラスを片付け、目で合図して駆け寄ったボーイの手ですべての酒が下げられた。

「何をする。バカヤロウ、今日はめでたい日だ。余計なことをするな」

荒げた声が尋常ではなくなっていた。

「いいえ、もうやめた方がいいです」

英子は危険を察知していた。

「大ママ、がんばれ」

その時、英子に向けて投げかけられた孫娘の声で、良雄は正気に戻った。

自分のトゲはまだ抜けてはいない。英子と孫がいなかったらすっかり元に戻っていたに違いない。心の底から愕然とした。

人の齢は七十年、健やかであっても八十年、しかもそのほこりとするところは労苦とわざわいです。
詩篇　九〇：一〇

自分の生きてきた歴史を振り返ると、まことに誇りとするところは労苦とわざわいだったかもしれない。しかし、その労苦とわざわいが無ければ出会えなかった人達がいた。そしてその出会い無くして今の自分は無い。イエス・キリストとの出会い無くして今の自分は無い。

会社は自分から長谷川に引き渡し、彼はその能力を存分に生かして会社を繁栄させた。その後継者として長男の元一を育て、今や彼へと引き渡された。

元一が最初に取り組んだ組織変革は若返り人事だった。古い社員からの反発を恐れてか、何回かに分けて行われ、すっかりそれを成し遂げた。

経験豊かな者は要職からはずされてしまった。あれで大丈夫だろうかという不安は拭えなかったが、間もなく、急激に普及したインターネットによる激しい市場変動が始まった。仕入れも販売形態もこれまでに経験したことがないほど大きく変化した。

インターネット販売が始まり、それは急速に広がって店舗販売を越える勢いになってきた。若返り人事はこれらの対応に思いがけず力を発揮した。新時代の要求に応えながら順調に成長を遂げてきたのは、元一の先を見る目の功績かも知れない。

雇用についても働き方改革が叫ばれるようになり、従来のカリスマ的ワンマン経営では難しい時代を迎えることになった。これについても新人事は時代に沿っていたようで、社員や従業員に聞くと「社長は我々の声をよく聞いてくれる」とか「困ったときに相談しやすい」「社内には何でも話せる雰囲気がある」といった声が上がる。

また、三男の洋一が専務として社長を支えている。彼の更に新しい発想は、時として元一をうならせる。一時はやんちゃだった四男の太一も、五男の一善も、取締役として会社を支え始めている。今に兄たちに続いて頼もしく成長するに違いない。バトンを渡しながら、やがて会社は五十周年を迎えようとしている。

五十年と言えばヨベルの年だ。

彼《か》の地では角笛を吹き鳴らして祝うのだそうだ。

人は一週間のうち六日間働いて一日を休む。そして、土地は六年間耕して一年を休む。それを七回繰り返した翌年、四十九年目の休みに続いて五十年目も土地を休ませて人々も耕作を休む。それがヨベルの年なのだ。四十八年目には次の休みに備えて地は三倍の収穫をして、人々は歓びのうちにヨベルを迎える。

ヨベルの年には生活苦で売却していた土地は無条件で元の持ち主に返還される。土地だけでは事足りず、体まで売って奴隷になっている者も、無条件で解放される。

絶望の淵に立っていてもヨベルの年を迎えれば、土地も身分も元に戻される。原状復帰の年なのだ。こうしてヨベルが来ると土地も人もリセットされて、悩みや苦しみからも完全に解放され、新しい希望へ向ってスタートすることが出来る。

最近では、サバティカル休暇と称する長期休暇を導入する会社もあると聞くが、人にも土地にも休みが必要だ。休みを得ることは、がむしゃらに働く以上に大切なのかも知れない。五十年の間よく働いてきた。私にも大きな休みを与えよう。何もかもリセットされて、すべての悩みや苦しみからまったく解放されたなら、再び新しい希望に満ちた歩みが出来るに違いない。

ヨベルに望みを覚えつつ、五十周年を迎えよう。ここまで支えてくれた妻や子供達、長谷川をはじめとする会社のスタッフ、私のたましいに生命を吹き込んでくれた今は無き金田先生や榎本先生、JTJ宣教神学校の岸先生、上野の森教会の重田先生をはじめ多くの教会関係者、お礼を述べなければならない愛する人々の顔が次々に浮かんでくる。共にヨベルを祝いましょう。そして、共に新しい歩みを踏み出しましょう。

90歳の誕生日を上野の森炊き出しグループと祝う。愛孫を懐に抱き。(2022年8月)

TOKYO2020の後、駆けつけたムラサキライダーたちが良雄に掛けてくれた金メダル。
（2021年夏）

あとがき

――金山良雄

今日の私や会社の状況などを考えるとき、まさかこんなことになるとは想像だにしなかったです。戦争も、貧困も、暗闇も、命の危険にさらされるようなこともありましたが、昨年で私も満九十歳になりました。今まで本当に色々なことがありました。そこには確かにたくさんの人たちの助けがあり、妻を始め家族の支えがあったわけですが、同時にその背後におられた神様のことを思わずにはおれないのです。

ムラサキスポーツの前進は喫茶店の紫で、お酒も扱う夜の店でした。当時は娯楽も少なく、開店前から店の前に行列ができるほど繁盛していました。スタッフの給料が一万数千円の時、月の売り上げは一〇〇万円くらい。十分儲かっていました。そのまま続けても経済的には全く問題ない。でも心は違っていました。

熱心なクリスチャンだった母の影響で教会に行く様になりましたが、祈っていても心に安らぎがなく、むしろ苦しくなっていきました。教会へ行き、聖書も読んで、祈っている。でも商売は客にアルコールを勧める水商売で、夜も遅い。心が責められました。「こういう仕事をしていて良いのだろうか？」

そんな折り、祈りのうちに閃いたのが、「スポーツ」でした。喫茶店の酒は人を酔わせ、駄目にしてしまうこともある。しかしスポーツは人を健康健全にする。「これからはスポーツだ！」そんな思いが与えられ、心機一転、スポーツ用品小売業に鞍替えする事にしたのです。しかしこれに対して兄を含め随分たくさんの人が反対しました。私の頭が狂ったのかと思った人もいました。それでも私は踏み出しました。一九六八年のことです。

それからというもの、本当にたくさんの人たちが現れては、柔道と水泳くらいしかわからなかった私に、スポーツのことを教えてくれました。今考えても不思議なほどです。お店には、スポーツウエアやスポーツバッグ、卓球用品にテニス用品、流行り始めていたスキーなど、使い方もわからない様な品物が次から次へと並べられていきました。そんな中、スキーの「ス」の字も知らない私を助けてくれたのは親切な問屋さんたちでした。後のムラサキスポーツ発展に大きく貢献することになる長谷川英泰君は、この草創期から私について本当に良くやってくれました。

あのことこのこと話していては時間がいくらあっても足りないので、二つのことだけ申し上げると、それは「置かれた場所の第一人者たれ」ということと「三流の人」ということです。この二つの言葉は、ムラサキスポーツの歩みとちょうど合っている様に思います。ちなみに一つ目の言葉は私の中学時代の恩師瀬尾義秀先生から、二つ目は友人で牧師の中野雄一郎先生から頂いたものです。

「置かれた場所の第一人者たれ」とは、どんな人でも自分が活かされ第一人者になれるということです。それを場所や境遇に求めるのではなく、すでに与えられている所で実践しよう、ということです。私たちの会社で言えば、それは今はアクションスポーツなのかもしれません。アクションスポーツというフィールドにおいて「一人一人が本当に生き生きと生きる」ことに会社として貢献できたら、なんと素晴らしいことでは無いでしょうか。

「三流の人」とは、三つの流れを表していて、それは、血と汗と涙で、「汗を流し、血を流し、涙を流す」ということになります。まず「血」ということから言うと、私たちは血の通った人間であると言うこと。そして「血を流すほどの懸命さ」という様に、何かに一生懸命に取り組む姿勢の美しさを表します。

次に「汗」ですが、これはそのまま「汗を流すことの楽しさ、素晴らしさ」を表しています。昨今、大人も子どもも汗をかくことが減ってきている様に思います。でも私たちは汗をかくことの素晴らしさを、これからも伝えていきたいのです。

そして「涙」。ここには「嬉し涙、悔し涙、悲し涙、笑い涙…」と、さまざまな涙が含まれています。私たち人間は、頭や身体だけではなくて、心を持った生き物です。そしてこの心で人はつながるのだと思います。私たちが涙する時、私とあなたが心でつながる。涙は私たちの心と心をつなげてくれる架け橋なのです。この「三流」ということを考える時に、私どものいるスポーツという分野はちょうど合っている様に思います。

紫が喫茶からスポーツ用品物販になって五十五年。社名が今のムラサキスポーツになってからでも五十年。色々ありましたが、取引先様やお客様、本当に素直な沢山の社員に助けられ、今日があることを思います。心から感謝申し上げます。

私個人としては、この作品にもある様に、確かに険しい山あり谷ありの人生を共に歩み支えてくれた妻英子に、そして二人の間に与えられた六人のかけがえのない子ども達に、この場を借りて感謝を伝えたいと思います。本当に、ありがとう。

この様に、確かに人に恵まれ、支えられて駆け抜けた半世紀でした。しかしよくよく考え、振り返るときに、私たち人間の力をはるかに超えた神様が、そこかしこで働き祝福していて下さったとしか思えないことがたくさんあります。五十五年前、あの心の引っ掛かり、苦しみがなければ、私は違う人生を歩んでいたはずです。神様は確かにあの時、私を導き、押し出して下さった。あれがなかったら今のムラサキスポーツはありません。神様はそれからも私を導き支え、今日まで持ち運んでくださいました。そのことを思うと、私のうちに神への感謝が溢れ、心は喜びで満たされます。
　これからも、子ども達が、若者が、お客さんが、社員が、そして私たち一人ひとりが健康健全な人生を築いて行くことができる様、社会に、そして世界に貢献する会社であってもらいたい。その背後に、その根っこに、イエス・キリストがおられるのを忘れないで、これからも活躍してもらいたい。それが私の願いであり、祈りなのです。

主の年、二〇二三年一月
株式会社ムラサキスポーツ
創業者　金山良雄

あとがき

――遠藤町子

　この物語を書き終えて、私はこの本を書かせて下さったことに心から感謝をしています。書きながら、幾度も胸を詰まらせました。

　在日として生まれ、戦争の時代を生き、どれほど多くのご苦労をなさったか。それを書くことが出来ればという気持ちでお引き受けしました。ところが取材を重ねるうちに、彼にとってそれらは問題ではなく、その内にはもっと大きな問題とご苦労が潜んでいたことが分かりました。

　いかにしてかそれを乗り越えようと、力を尽くし、知恵を尽くし、信仰を注いで歩き続けたのでした。かくまで求めて、捧げて、なにゆえに解決を見ないのか。それがこの物語のテーマになりました。

　ここまで過酷な戦いを続けている人は少ないかも知れませんが、人はそれぞれ密かに大変なものを抱えて生きています。読者の中には『いつになったら解決して、希望に満ちた人生を歩くことが出来るのだろうか。それは、自分には一生訪れないかも知れない』と絶望を覚えている人がおられるかも知れません。

ご自身では出来ることは皆やった。努力を尽くした。これ以上何が出来るかと思っておられるかも知れません。けれどもこの本を読んで、まだ手つかずの部分、人間には満たすことができない領域があることに気づいて下さったら何とうれしいことでしょうか。

コロナ渦の中で取材もままならず、金山会長とはたった一度お会いしただけでした。代わりに文化SŌZŌの島田哲也さまが間に立って取材をして下さり、まるで伴走者のように多くのアドバイスを下さったので完成を見ることが出来ました。また、度々電話取材に応じて下さった英子夫人を始め、長谷川英泰さま、金山元一さま、金山洋一さま、JTJ宣教神学校の岸先生、重田先生、ムラサキスポーツ上野店の栗田さま、ご協力を心から感謝申し上げます。そして、金山正一さま、一度もお会いしたことも、お話ししたこともありませんが、原稿をチェックして下さった後のコメントに、ご家族に対する深い愛を感じて温かい気持ちにさせられました。ありがとうございました。私も、登場人物のお一人お一人を、深く愛して書かせていただきました。読んで下さる方々の中にもこの愛が届いて下さるようにと願いつつ。

遠藤町子

あとがき　――ムラサキ文化SŌZŌ

ムラサキスポーツというと皆さんはどんなイメージを抱くだろうか？

自由、元気、楽しそう、明るい、優しい、丁寧、すがすがしい……。これ以外にも色々な印象をあげられるかと思うが、こういう会社の持つ感じ、イメージ、社内の雰囲気、社風は一体どこから生まれてくるのだろうか？　もちろん、その根っこは様々で、一つに定めることはできないと思うし、真実を歪める可能性があるので、そうしないほうが良いと思う。しかし、「ムラサキスポーツとは何か」という問いに対して弊社常務の佐野さんは「金山良雄」と即答した。それは今まで数十年に渡ってこの会社と良雄氏を間近に見てこられた佐野氏の出した結論だったのかもしれないが、その後も同じような答えを様々な面々から聞くことになった。「ムラサキスポーツ＝金山良雄」……。これは一体どういうことか？

会社は人である、とはよく言われるが、果たしてそれが一体何を意味するのか？　ここで金山良雄という人物は、ともすると成果主義や個人の能力、生産性にばかり目を向けがちな現代を生きる私たちに、全く別の答えを提供しているようである。それは良雄氏が、人とは何者か、そして何のために事業（仕事）を行うか、という根源的な問いを掲げ、それに対して真正直に対峙してきたからだと思う。この一冊は、彼のそんな旅路の記録——出生や経歴、社会的業績だけが語る「その人」ではない——彼の心の内を言語化した、言わば良雄氏の内面の告白録となっている。そういう点でも、この伝記はユニークだと思う。

一人の人間を語るのに、その人の学歴や経歴、社会的功績や業績は、その人の一側面でしかない。実際、良雄氏はそういうものは意に関せず、と言った具合で、人を見るときにもそういった表層の下にあるものを見ているように感じることが多々ある。この伝記に見られるのはそんな人間の根源的な部分に関する問題、心の奥底に存在する穴のようなものをなんとかして埋めようとした良雄氏の探求の物語なのだと思う。心に空いた大きな穴が最も露呈するのは、最も大切で頼みの綱、守りの象徴でもあった最愛の母を失った時しかし、それを機に良雄氏自身の本当の歩みがスタートする。良雄氏がそうであったように、私たちも案外、誰かを頼りに、何かを隠れ蓑《みの》にして、自分には何も問題が無いような錯覚をしているのではないだろうか。自分は自立した、安定した人間だと思い込んでいるのではなかろうか。良雄氏のストーリーを辿っていると、そんな問いが浮かんでくる。ここまで赤裸々、真正直に自身の内面を掘り下げ吐露する良雄氏の姿に、読んでいるこちらが自問してしまう。「私はそこまで深く自分自身を見つめたことがあっただろうか？」「私にとって心の支えとなっているものは何だろう？」「それは自分を最後まで支えうるものなのだろうか？」その様にして読まれる可能性も、この伝記だからこそ、かもしれない。

また、この伝記には良雄氏が影響を受けたであろう何人もの人が登場する。出会いが人の人生を決める、とはよく言われるが、どうしてそうなのか、具体的に聞くことは少ない。「あの人がいてくれたから今日の私がある」という一言は、例えば「私が経済的にも精神的にもどん底の時、あの人が親身になって話を聞いてくれた。そこから力が湧いてきて新しい一歩を踏み出すことができた」とか、「自分なんかこの世の中にいる意味があるのだろうかと感じていた時、あの人と出会った。そして私の中に、自分でも気付かなかった新しい可能性を見極めて押し出し、その後も相談に乗ってくださった。今でこそこんな私を頼って色々な人がやってくる様になったが、あの時あの人がいて、ああいうことをしてくれなかったら、誇張でも何でもなく、今の私は存在しえない」と言い換えられるか。良雄氏の歩みを見ると、こうした出会いが時を経て一つ、また一つと現れ、道が作られていく様である。その中でも決定的だった出会いを良雄氏は「二本のレール」と呼び、既に亡くなられた金田福一、榎本保郎両師を今でも頼れる、揺るがぬ指針として大切にされている。それはまるで良雄氏の中でこのお二人が今も生き続けている様である。そしてこれらは皆、今の良雄氏の人柄、人格の形成と無関係ではない。

　色々な人たちと私たちは出会い、様々な影響を受け、また与え、毎日を歩んでいる。果たして私たちはこれまでの歩みのどの出会いからどんな影響を受け、それが今の私たちの人格、人柄と繋がっているのだろうか。また同時に私たちは関わる人たちにどの様な影響を与えてきているのだろうか。良雄氏の人間形成を辿る旅は実は物語の半分でしかない。様々な影響を受けて育まれ形作られてきた良雄氏は、しかし、それと同時に周囲の人や社会に対して影響を与えてきたはずなのだ。そんな、良雄氏によって周囲に及ぼされた影響とはどの様なものだろうか？　この一人の人によって与えられた周囲の人々、また団体、そして関わる社会に届けられていった影響とは、一体どの様なものだったのだろうか？考えてみてもらいたい。

　良雄氏の人格形成に寄与してきたのは、ここに登場する方々だけではなく、他にも数えきれない方々が存在し、さらには過去に歩んだ人々との読書を介した出会いなどもあったはずで、この伝記から直接に読み取れる以上の要素があって今日の良雄氏があることは言うまでもない。しかし、まずは主要道路を掴んでいただけたらと思い、この伝記を読んで更に学びを深めたい方には参考資料として巻末に関連図書リストを用意したので活用して頂きたい。

最後に、本伝記を制作するにあたり尽力ご協力くださった沢山の方々にこの場を借りて感謝を伝えさせて下さい。ムラサキスポーツ社内より長谷川英泰さん、佐野均さん、金鉉敏さん、新島光徳さん、市川絹子さん、岩屋寛さん、藤城和敏さん、桑原政喜さん、川畑茂さん、栗田秀樹さん、木崎貴司さん、農本弘幸さん、廣岡耕一さん。キリスト教会より岸義紘牧師、金小益牧師、重田稔仁牧師。お一人お一人のそれぞれに培われた良雄氏に対する視点、関係を抜きにして、この伝記が完成を見ることはありませんでした。心より感謝申し上げます。そして、ここに名前を挙げきれないその他大勢の関係者の方々、この場を借りて御礼申し上げます。ありがとうございました。

作家の遠藤町子さんが、切れ切れに、しかし大量に寄せられた考察、エピソードの数々をパッチワークの様につなぎ、一つのタペストリーにして下さいました。さすがです。ありがとうございました。

そうして出来上がった原稿を、このように本の姿にして下さったのはパレードブックスの皆さんです。担当して下さった原幸奈さん、その他名前も存じ上げませんがデザインチームや印刷製本プロセスに関わって下さった方々、皆さんのおかげでこの本は世に出されました。心より御礼申し上げます。

そして、岸義紘さん、成戸應之さん、大野潔さん、長谷稔さん、西田明男さん、椎名敏雄さん、本作品をいち早くお読みくださり、即座に感想、推薦のお言葉までお寄せくださり本当にありがとうございました。本伝記の主人公を直接に見、また関わってこられた各位にしか表せない貴重な、生きたお言葉を頂き、胸中を熱くさせられています。

最後に、二〇二一年から足掛け一年以上に渡って取材に応じ、ご自身の言葉でこの伝記の内実を伝えて下さった金山良雄さん、英子さん、そして元一さん、正一さん、洋一さん、太一さん、一恵さん、一善さん。伝記制作のプロセスは、楽しく愉快なものだけでなく、時に苦しみを覚えたり、辛い気持ちを抱いたりすることもあったことと思います。身近なお互いだからこその食い違いや見落としもあったかもしれません。しかし、良雄氏を知る、「会長がどういう方か理解を深める」という目的に向かって、支え合いまた許し合い、共に、本当に忍耐強く取り組んで下さり、ありがとうございました。ご家族お一人お一人にとっても、この一人の人を探求する営みが、ご自身を探求するきっかけとなったかもしれません。そしてそれは、実は良雄氏が金田福一師や榎本保郎師から受け、愛生園の方々や、炊き出しに来られる方々との間に育んできた、共感という名の優しさに他ならないのだと思います。この共感という深くて広い優しさこそ、人と人を繋ぎ、さらには関わるお互いを癒すほどの可能性を持った力だということを、この貴重な機会を通して見させて頂いてきたように思います。

ご自身のことを開示し、自己の深い考察、内省の実を、こうして分かち合ってくださった金山良雄氏。そして夫であり父である良雄氏と共に、その表明に立ち会い、こうして出版までのサポートをしてくださったご家族の皆さん、本当にありがとうございました。

二〇二三年一月

ムラサキ文化SŌZŌ

金山良雄年表

一九三二年	八月十二日	大阪市東成区出生（父：金斗善、母：全應連）
一九三三年		出生届提出 （一九三九年二月　英子夫人大阪市西成区に生を受ける）
一九三九年		中道小学校：入学
一九四四年		奈良県疎開：王寺小学校へ転校（五年生）
一九四五年		終戦後、疎開地奈良県より済州島へ
一九四六年	四月	五賢中学校：入学（済州島）
一九四八年		済州島から日本へ帰還（和歌山—大阪—東京）
一九四八年	十一月	東京都駿台中学校：入学（編入：三年時） **出会い：瀬尾義秀、山室武甫**
一九四九年	三月	同上：卒業 ＊一九四九年版の日本火災保険特殊地図を見ると「石ケン」とあり、現在のムラサキスポーツ上野店の位置で商売が始まっていたことがわかる。
一九四九年	四月	東京都駿台高等学校：入学 ＊一九四九年版の日本火災保険特殊地図で「石ケン」と表記されていた所に一九五一年版（一九五八年改正）では「紫」の表記が。一九五一～五八年のどこかで店名が定まったか。

一九五二年	三月	同上：卒業
一九五三年	四月	明治学院大学文学部英文学科：入学 **出会い：賀川豊彦**
		同学部内社会学科へ転科
一九五七年	二月	最愛の母：全應連召天
一九五八年	十月	明治学院大学文学部英文学科：卒業（B．A．） ＊一九五八年時点で喫茶業を営まれていることは確認済み。しかしそれ以前の可能性もあり。
一九五九年		父：金斗善召天 ＊この頃、ロボトミー手術（未遂） **転換点：金城周奉（炊き出し）、金田福一（長島愛生園）**
一九六〇年	六月十一日	英子夫人と結婚
一九六一年	十二月	渡米：Milligan College in Tennessee, USA →帰国：Milligan College 在籍期間は十ヶ月程
一九六二年	五月	第一子：元一誕生
一九六四年	十一月二日	英子夫人と婚姻届提出
一九六四年	五月	第二子：正一誕生
一九六五年		同伴喫茶桃山開店：経営 **転換点：チョウ牧師の訪問** ＊長谷川英泰（十八歳：大阪から上京）

一九六六年	三月	第三子：洋一誕生
一九六八年		紫商会設立：経営 紫商会内訳（二階：同伴喫茶、一階：スポーツ用品） ＊この頃金山家族スキー開始
一九七〇年	二月	第四子：太一誕生 **転換点：ビジネスを続けるかそれともキリスト教伝道者になるか**
一九七二年	八月	第五子：一恵誕生 **出会い：榎本保郎**
一九七三年	六月十三日	株式会社ムラサキスポーツ設立：代表取締役社長就任
一九七五年	七月	第六子：一善誕生 ＊この年、日本精神神経学会によりロボトミー手術禁止される
一九七六年	四月	スキー公認準指導員認定（全日本スキー連盟）
一九七八年	十一月	原宿店スタート
一九八一年	五月	上野店拡大（テニス用品）
一九八二年	十二月	上野本店（ファッション館）営業開始
一九八五年	九月	神田店開店
一九八五年	十一月	株式会社ムラサキスポーツカンダ設立
一九九〇年	四月	ＪＴＪ宣教神学校理事長就任
一九九二年	四月	韓国平澤大学校理事長就任

一九九三年		スケートパーク（MAPS）オープン
一九九四年		アメリカ西海岸ロサンゼルスにBLACK GOLD社を設立
一九九五年	五月	名誉博士号（神学）授与 （Gordon Conwell Theological Seminary in Boston, USA）
	六月	パウロの旅程を辿る船旅（Sea Cloud号） **転換点：三河島教会を出て新教会開拓へ**
	七月	上野の森キリスト教会の設立
一九九七年	三月	第一回イスラエル旅行
一九九九年		東京・上野に本社ビル竣工 株式会社ムラサキスポーツ：代表取締役会長就任 ＊長谷川英泰：二代目社長就任
二〇〇一年	四月	上野奉英ビル（JTJ宣教神学校、上野の森キリスト教会、恵友学園の拠点として）：竣工
二〇〇二年	五月	恵友学園：開校
二〇〇三年	三月十五日	日本国籍取得 株式会社ムラサキスポーツ三〇周年
	四月	**転換点：オリーブの里での祈りの時**
二〇〇四年	一月	オリーブの里：リニューアルオープン
二〇〇五年	十一月	オリーブの里：心の湯オープン

二〇〇八年		元一が三代目社長に洋一は専務に就任 韓国平澤大学キャンパス内に韓国平澤店オープン
二〇〇九年	九月八日	兄（正雄）召天、八二歳
二〇一二年		株式会社ムラサキホールディングスに社名変更 株式会社ムラサキスポーツを子会社化
二〇一五‐六年		アクションスポーツがオリンピック正式種目に採択される
二〇二一年		二〇二〇東京オリンピック ＊ムラサキライダーたちが大活躍 （堀米雄斗：スケートボード金メダル、西矢椛：スケードボード金メダル、中山楓奈：スケードボード銅メダル）
二〇二二年		二〇二二北京オリンピック（冬季） ＊ムラサキライダーたちが奮闘 （村瀬心椛：スノーボード　銅メダル）
二〇二三年		株式会社ムラサキスポーツ五〇周年

参考文献・出典

出典元（写真、図）：

金城周奉『我が神は生きている（金城周奉自伝）』東京聖書学院三一会、一九七五

春日昌昭（写真）、佐藤嘉尚（文）『40年前の東京（昭和38年から昭和41年 春日昌昭のトウキョウ）』生活情報センター、二〇〇六

都市製図社『日本火災保険特殊地図』一九四九‐五八（東京都立中央図書館所蔵）

公共施設地図航空株式会社『全住宅案内地図帳』渋谷逸雄、一九七一、一九七三（台東区立図書館、郷土・資料調査室所蔵）

東京大空襲・戦災資料センター（監修）、山辺昌彦・井上祐子（編者）『東京復興写真集（1945‐46）』勉誠出版、二〇一六

百万人の福音編集部『百万人の福音』二月号、いのちのことば社、一九八〇

朝日新聞フォトアーカイブ（朝日新聞社）https://photoarchives.asahi.com

・ID：P151024000532、タイトル：1969年　伝説と悲劇の島・済州島

・ID：P211208000615、タイトル：1948年　密入国者激増の対馬　1隻に50人以上

毎日フォトバンク（毎日新聞社）https://photobank.mainichi.co.jp/

・ID：P199507725、タイトル：人でごったがえすアメヤ横丁

・ID：P20000824、タイトル：アメ横の店先に並んだあめの売り買い

明治学院歴史資料館デジタルアーカイブズ（明治学院歴史資料館）https://adeac.jp/meijigakuin-sch-

arch/top/
・ID：2201790088、タイトル：明治学院礼拝堂で講演する賀川豊彦
・ID：2201790081、タイトル：講義中の賀川豊彦7
・ID：2201790079、タイトル：講義中の賀川豊彦1
瀬尾兼秀（駿台学園中学校・高等学校　理事長・校長）

参考図書：
賀川豊彦『死線を越えて』ＰＨＰ研究所、二〇〇九
賀川豊彦「涙の二等分」『賀川豊彦全集』第二〇巻、キリスト新聞社、一九六三
賀川豊彦『協同組合の理論と実際』コープ出版、二〇一二
隅谷三喜男『賀川豊彦』岩波書店、二〇一一
三久忠志『改訂版　賀川豊彦伝　貧しい人のために闘った生涯』学芸社、二〇二〇
金田福一『キリストの内住』一粒社、一九八三
金田福一『臨在のキリスト』一粒社、一九九〇
金田福一『霊想の糧３６５日　主と共に生きよ』ニューライフ出版社、一九八三
金田福一『み空のかなたに　晩年の説教集』恩寵社、一九九八
高野麻結子『神谷美恵子　「生きがい」は「葛藤」から生まれる』河出書房新社、二〇一四
榎本保郎『ちいろば』聖灯社、一九六八
三浦綾子『ちいろば先生物語』上下、集英社、一九九四
東後勝明、原田博充、榎本恵『ちいろば牧師榎本保郎を語る』日本キリスト教団出版局、二〇一二

略歴

金山良雄（かなやま・よしお）

一九三二年、父金斗善、母全應連の第五子として大阪に生まれる。一九五八年、明治学院大学英文科卒業。一九六一－二年、Milligan College in Tennessee留学。一九九五年、Gordon Conwell Theological Seminary in Bostonより名誉博士号（神学）授与。駿台中学、高校の頃（一九四八－五二）より上野アメ横で兄正雄と商売を始め、物販、喫茶業などを営み、一九六八年、スポーツ用品販売店、紫商会設立。一九七三年、株式会社組織に改組、株式会社ムラサキスポーツ設立、代表取締役社長就任。一九九九年より、同社代表取締役会長。

遠藤町子（えんどう・まちこ）

（有）アークプロダクト代表取締役社長、公文式小山が丘教室指導者、ＪＴＪ宣教神学校理事

一九四八年　大分県国東市に生まれる。

一九七九年　心身障害児との出会いから公文式の学習法を求め、公文式教室の指導者となる。子供達を指導するかたわら児童書の執筆に取り組む。その後、読者層を大人まで拡大し、教会や小、中、大学等、講演活動を行っている。

著書に『レーナマリア物語』金の星社（厚生省児童福祉審議会平成五年度推薦文化財）『ステファニー』くもん出版（平成八年度緑陰図書）『夢色の絵筆』くもん出版『回心』サイト出版『献身』キリスト新聞社等がある。

年齢及び健康上の都合から、講演、インタビュー等のご依頼はお受け致しかねますので、その旨ご理解頂けますようお願い申し上げます。

カナヤマヨシオ
株式会社ムラサキスポーツ創業者・金山良雄の軌跡

2023年6月13日　第1刷発行

監　修　ムラサキ文《ぶん》化《か》SŌZŌ

文　遠藤町子《えんどうまちこ》

発行者　太田宏司郎

発行所　株式会社パレード
大阪本社　〒530-0021　大阪府大阪市北区浮田1-1-8
TEL 06-6485-0766　FAX 06-6485-0767
東京支社　〒151-0051　東京都渋谷区千駄ヶ谷2-10-7
TEL 03-5413-3285　FAX 03-5413-3286
https://books.parade.co.jp

発売元　株式会社星雲社（共同出版社・流通責任出版社）
〒112-0005　東京都文京区水道1-3-30
TEL 03-3868-3275　FAX 03-3868-6588

装　幀　藤山めぐみ（PARADE Inc.）

印刷所　創栄図書印刷株式会社

ISBN 978-4-434-32078-1　C0095